什麼都找得到的夜晚，只是找不到我的心

なんでも見つかる夜に、
こころだけが見つからない

東畑開人 著
李璦祺 譯

【專業推薦】

尋找自我的幸福航程

幸福是能夠穿越複雜事物及生命經驗的表象，找回自己的初心，並安頓好自己的心。

——臨床心理師、作家　洪培芸

心理諮商，是近幾年很夯的活動，越來越多人在面臨生活挫折、情緒焦慮、過去傷痛時，選擇進入諮商室「聊聊」，而本書就是用作者的視角，告訴你諮商會「發生什麼事」。這裡面雖然沒有簡易的步驟引導、也沒有明確的生命解答，卻是人生最真實的樣貌，我們就像飄蕩在黑暗海洋中的孤舟，努力想找尋方向與亮光，而這本書會給你陪伴與勇氣，在看似寂寞的大海中，為你點起一盞燈。

——諮商心理師　鄧善庭

人生中難免有些迷失方向的時期，猶如夜海航行。閱讀此書就像東畑開人老師與你對話一般，透過七條輔助線和案例故事，陪你釐清自我，找到心的聲音。

——蔡佳璇臨床心理師／哇賽心理學執行編輯

【推薦①】

其實，心從來沒有不見……——致贈我們一份陷入孤獨大海的解藥

文字◎重點就在括號裡

開始閱讀之前，設想是一本說理意味濃厚的心理學書籍，但讀完這位拿過每日出版文化獎的心理諮商師東畑開人所寫的前言，我這個既定印象馬上就錯了：這其實是一本心理諮商師對每一位翻開這本書的讀者，所做的「心理諮商」，但諮商對象，其實不是你，而是這位中堅心理諮商師東畑開人。

換句話說，他透過「紙上書寫」這個動作、我們透過「翻閱」這個動作，在這本《什麼都找得到的夜晚，只是找不到我的心》，對他對我們而言，如同經歷一場心理諮商：這是一場由你來當心理諮商師、對心理諮商師東畑開人所做的一場心理諮商。

東畑開人不站在高高在上的說教者視角，而是像朋友般，在諮商工作結束後，他與你

一起在陽台吹風，靜靜地點了一根菸，他開始娓娓道出自己心中的苦惱：他認為自己在面對每個個案的苦惱，感受到這個時代、這個社會的生存之難的共鳴；他理解每位前來述說、每一位形形色色的諮商者的故事，在側耳傾聽的過程中，他在這些過程中理解了「大家」的苦惱，而在這些「個人」的苦惱中，其實摻雜著「整個社會」的苦惱。

他發現，這些問題的深處，最後都導向一個方向：「最後，他們都感覺到『自己一個人』。」

書名取得優秀：《什麼都找得到的夜晚，只是找不到我的心》，世界如深夜大海，原本漆黑一片，每人手中能開啟社群軟體的手機電腦，就像船上的一盞明燈，照亮了每個人的臉龐，每個人都能輕易地與這個世界搭上線，但是，即使社群軟體拉近了每個人之間的溝通距離，但隨著科技、現代世界的自由與殘酷，如今成為一個太容易感受到孤獨、也非常容易陷入孤獨的汪洋大海。

雖然在《什麼都找得到的夜晚，只是找不到我的心》裡，東畑開人請讀者坐在自己心中的灰色沙發，與他進行一場微觀的心理諮商，但作為這世界的一份子，在這汪洋大海裡一艘展著明燈的東畑開人，他也想在書寫這本書的過程中，融合自己的專業經驗（後記裡有透露他運用哪些心理學專業理論寫成這本書），找尋其中的答案。

這讓《什麼都找得到的夜晚，只是找不到我的心》不是一本硬邦邦的、說理意味濃厚的心理學書籍，而是一本文字淺白卻深刻、透過述說個案故事逐步讓讀者理解自己的情緒：如何去愛？什麼是幸福？如何表現真正的自己？如何守護自己的心靈——關於這場，先爆個雷，東畑開人的答案很妙，而且確實說服了我。

《什麼都找得到的夜晚，只是找不到我的心》其實是一本對於現代社會的細膩觀察，東畑開人溫柔地寫出當我們處在這汪洋大海裡會遇見的痛苦處境（他稱之為「夜海航行」），也溫柔地道出：其實心從來沒有不見，它就一直在你的船上。

關於　重點就在括號裡：目標成為最碎碎唸、最不務正業的日劇及電影粉絲團。
座右銘為村上春樹的「只要十個人中有一個人成為常客，生意就能做起來。」出版《有故事的人》（遠流出版）

【推薦②】

正當我的世界分崩離析，作者邀請我進入他的諮商室……

譯者◎李璦祺

這本書是在我經歷了一場住進加護病房的手術，又過了兩年多後開始翻譯的。我想分享的故事必須從那場手術後開始說起。

我是一名全職的接案譯者，帶著兩貓一兔住在合租公寓裡，毛小孩是我的生活重心。作者在前言提到，這是一個「孤舟化」的社會。如果說，每個人都是一葉孤舟，那我的船上一定還載著我的毛孩們。他們是我的船槳、我的馬達、我生命最大的前進動力。

經過一段時間的術後療養，基於健康考量，我開始減少接案，收入也大幅縮水，我同時承受著健康與經濟的壓力。與此同時，我跟合租公寓裡的一名室友產生嫌隙，我們之間的摩擦甚至在接下來的兩年多，日益加深到無法調和的地步。

一年後，在新冠疫情加上物價逐漸上漲的大環境中，遇上了房租調漲。雖然早有念頭，但此時我才下定決心要在下次租約到期時搬家。因為帶著三隻毛小孩，不僅租屋不易，即使租到了也得擔心房東漲租和停租，所以我一心想買房。可是在這高房價的時代，哪買得起生活便利的市區房子？我便開始透過買房網，在陌生的縣市裡尋找著合適物件。

就在此時，三女兒咪兔（兔）和二兒子襪襪（貓）相繼生病，考量到帶他們就醫的便利性與迫切性，我不得不放棄買房和年底搬家的計畫，留在大城市裡砸錢帶他們看病。咪兔幸運地痊癒了，襪襪卻每況愈下。但我萬萬沒想到的是，最後等著我的竟是和襪襪天人永隔。我的世界正在無聲中崩塌。

這就是我剛開始翻譯這本書的時候。

作者說，個案的生存之難中，也包含了整個社會的生存之難。

我心頭一揪。「這不正是在說我嗎？」

我正在經歷我的「生存之難」。我的小船處在暴風中心，船艙漏水，一顆引擎無預警熄火。我的眼前一片黑暗。

正當我的世界即將分崩離析時，作者從書中伸出手，牢牢抓住了我。他邀請我進入他的諮商室，坐在灰色沙發上，在他的同行下，展開屬於我的夜海航行。

書中的文字溫柔而堅定，那是心理師特有的口吻，沒有上對下的說教，只有平起平坐的陪伴。作者一次又一次接住了我的情緒，一次又一次幫助我釐清現狀、搜索方向。明明是單向的閱讀，卻彷彿雙向的對話。

作者用生動的比喻、引發共鳴的故事、豐富的臨床經驗和淵博的學識，帶領我了解自己，發現自己的癥結，最後照亮出一條航路。我順著這條航路前行，停止無謂的吞忍，也不再意氣用事，向真心愛我的人求助。

當我這麼做之後，眼前景色霎時間豁然開朗。

我火速找到新家，那原本是我父母的工作室，他們剛打算閒置，地點就在我最熟悉的城市，附近動物醫院林立，房內的空間足夠我跟毛孩們做各種拉筋伸展、有氧運動，而且這個社區對我而言，充滿了迷人的魅力。

真正愛我的人在我最需要的時候接住了我。

當然，我的生活並非從此無憂無慮、一帆風順，各種生存之難仍等著我去克服。但關鍵是，面對人生我拿回了主控權，不再一味被動防守。我知道我穿出了暴風圈，又有能力追求前方的各種可能性了。

我想說的是，如果沒有遇到這本書，不敢想像我現在會是什麼樣子。

無比榮幸能透過自己的譯筆，將這本書介紹給中文讀者們。希望大家也會如同我一般愛上這本書。

目錄 CONTENTS

【前言】

小船與轟然浪濤

諮商結束，目送個案離開後，我會抽支菸。距離下個心理諮商只剩十分鐘，我匆匆回到事務室，走上陽台，打開加熱式香菸的開關，吸入菸味稀薄的機械性水蒸氣，再吐出。抽根菸，這是我從上一個的心理諮商，切換到下一個時的儀式。不，這可能只是個壞習慣。

在陽台上眺望東京市街。眼前的是櫛比鱗次的公寓和大樓，左手邊是寺廟和墓地，右手邊是住商混合大樓，內有健身房進駐。更遠處，還有好幾棟超高層大廈，一到夜裡就會閃著刺眼亮光。

理所當然地，每棟建築物上有著許多窗戶。其中絕大多數都看不見室內的模樣。百葉窗和窗簾都拉上了，再說太遠的大樓，窗戶看起來比米粒還小，無法辨識內部。

那些窗戶有時也會打開。有人走上陽台。他們不是穿著睡衣，就是穿著室內便服，甚至是打著赤膊。然後，在陽台上或曬衣服，或為花花草草澆水，又或者跟我一樣抽起一根菸來。

偶然間眼睛對上了。尷尬的瞬間。我挪開視線，對方也是。縱使我們近在咫尺，卻是永恆的陌生人。

這時候，我又會開始想著一些理所當然的事。

想著，在數不盡的窗戶另一頭，是數不盡的小屋。

想著，有數不盡的人在裡頭工作，在裡頭相愛。

想著，每個人就這樣各自過著截然不同的人生。

當我這麼想時，東京的街道看起來就會和平常不同。

看起來好似數不盡的小屋，在湛藍的天空下載沉載浮。我自己所處的，也是其中的一間小屋。

彷彿漂流在汪洋大海上的小船。大家七零八落地駕駛著自己的船隻。

不對，不只東京。我曾待過的那霸、京都也是如此。就連我沒有待過的福岡、八戶、波士頓、首爾，我想一定也都一樣。

我們如今活在一個無數小船浮沉漂流的世界裡。

小船之間時而相伴、時而遠離，但在本質上，都是在獨自漂流。

這就是本書內容在我腦中的「原初場景」（primal scene）。

＊

容我做一個遲來的自我介紹。我叫東畑開人，我是一名心理師，在一間浮游於東京的斗室裡開設心理諮商所。

我的辦公廳距離山手線新設的車站，走路只要十分鐘出頭，很久以前，這裡似乎是一個寺院林立的區域，所以這一帶有很多寺廟和墳墓。走進一條老商店街，排列在兩側的是保留著昔日風貌的麵包店、昭和復古風的茶藝館、神祕的老舊時裝店，就在這商店街的一隅，有一棟狹窄的大樓，我的辦公廳就位於此處。

辦公廳裡有兩間房間。

一間是放置了電腦的事務室，我會在這裡寫寫諮商紀錄，記記帳，寫寫書稿。裡面凌亂不堪，老實說，我實在無法讓別人進來看到這副模樣。可以走到陽台外抽菸的，也是這間事務室。

另一間是諮商室。這裡有一張綠色椅子，是給我坐的；還有一張灰色沙發，是供個案坐的。另外有一張藍色的貴妃椅，提供個案躺臥的選擇。其餘就只有一個矮書櫃和一個小小的榕樹盆栽，房內設置簡約。我不善於打掃和收拾，但對於這間房間，我很努力地用吸塵器清掃。

我今年三十九歲。我想其他職業也一樣，在心理師這個行業裡，三十九歲也是稱得上「中堅」的年紀。

我從二十二歲開始接受訓練，二十五歲取得臨床心理師資格。接下來，又是在學校擔任輔導老師，又是在醫院擔任心理師，我曾在各種單位任職過。算起來這份工作我也從事超過十五年了。

三十九歲的中堅心理師。

已不再是新人，又還稱不上老手，這是一個尷尬的時期。

這是一個認清現實的時期，認清自己不可能成為年輕時憧憬的那種傳奇心理師。我逐漸明白，即使通過了漫長的教育和訓練，也不可能變成一個有如魔法師般的醫師，只能繼續扮演一個平凡無奇、隨處可見的心理師。

話雖如此，但自己又不具有老鳥般的穩固地位。五年後、十年後的自己會是什麼樣子，心裡完全沒個底，也沒有任何確切的保證。所以為了生存，就只能繼續划著孤舟。

不只如此。體力日漸下滑，又被迫接下一堆零碎的事務性工作。年輕優秀的後輩們，一個接一個嶄露頭角；前輩們仍精神奕奕地站在崗位上，自己不能在他們面前造次。只有中堅才必須面對的苦楚，多不勝數。

我愈寫愈顯得有些悲觀，雖然這些確實是我的真心話，但事實上我內心卻也有著另一種想法。

說出來可能會讓新人和老手感到不快，所以我也不敢大聲嚷嚷，但我總是忍不住這麼想：

中堅其實是人生的黃金期吧？

確實有許多艱困之處，但也意外地是個鼎盛時期吧？

發現自己已成了行業裡的中堅，是三、四年前的事。此時已失去年輕時那種邊學習新事物、邊向上爬的感覺，每天謹小慎微地累積著臨床工作經驗。

個案前來，向我述說他們的事。我細細聆聽，將我思我想告訴對方。這樣的日子一天又一天過去。然後，某天我忽然察覺到，自己內心有了一種不同於過去的感覺。

「這些不是別人的事。」

我聽著聽著，有了這種感覺。我感覺到，他們和她們所述說的苦楚，正在和我內心的苦楚，發生共鳴。

希望大家不要誤會，我並不是在炫耀我產生了某種能力，讓我能和個案進行靈魂交流。

不是這樣的。我是在個案的苦惱中，感受到我們對這個時代、這個社會的生存之難的共鳴。我在個案的話語中聽到了社會發出的摩擦音，如同轟隆隆的浪濤聲。這樣的聲響與我內心的摩擦音產生了共鳴。

我諮商過的個案形形色色，有小孩，有成人，也有老人。性別、性傾向、職業、諮商內容也是千差萬別。

所以他們和她們說的話，不一定直接和我的經驗重疊。他們所述說的，有我無從知悉的事，有我一輩子不會經驗到、甚至不會想像到的事。不對，不只是「有」而已，這樣的談話內容反而占了絕大多數。

然而，我們之間「也」有共通之處。畢竟我們都生在一個相同的時代、相同的社會中。

當然，這個社會裡存在著嚴重的分裂，隨處都被畫著色彩鮮明的邊界線。就像我和陽台上四目交接的鄰居，只會是永恆的陌生人一樣，我們的社會被四分五裂地碎片化。

即使如此，側耳傾聽個案的故事時，在他們和她們的苦惱深處，傳來的彷彿是「大家」的苦惱。個人的苦惱中摻雜著整個社會的苦惱。

舉例來說，有一名七十多歲的獨身女性資產家，在煩惱著她與兒子、媳婦的關係。她做了生前贈與，讓兒子繼承財產後，媳婦拒絕和她見面的次數就增加了。她與孫子見面的機會大減，即使向兒子反映，也只是遭到敷衍。

我從未經歷過正困擾著她的事，未來可能也不會經驗到。

即使如此，當我們在狹小的諮商室裡談話，坐在灰色沙發上的她說「我可能被我兒子背叛了，這麼一來，我就只剩自己一個人了……」的時候，坐在綠色椅子上的我忽然閃過一個想法：

這雖然是她的苦惱，但不也是我的苦惱嗎？

不對，這不正是「大家的苦惱」嗎？

相同地，想換新工作卻屢屢碰壁的四十多歲的上班族說：「現在我才知道，我想換工作，也換不了了。」接著，後悔地說：「我想是我三十多歲時沒有過上一個正確的生活方式。」無法去學校上學的女高中生說：「大家都覺得沒有我比較好。」又哭著道：「我討厭我自己。」又或者，一個一直以來小心翼翼不想被任何人討厭的職業婦女，鼓起勇氣對另一半說：「你那時說的話讓我很受傷。其實我很討厭你那樣。」

這些話我在諮商室裡聽過了無數次。於是，我忍不住想：

這雖然是他或她的苦惱，但不也是我的苦惱嗎？

對，這不正是「大家的苦惱」嗎？

他們說的是家人的問題，是工作上的問題，是自尊心的問題，是伴侶關係的問題。各自都是不同的問題，他們在不同的狀況中，為不同的事所苦。

但那些問題的深處，其實都回響著相同的痛苦。

是的，他們都只剩「自己一個人」。

發現被兒子背叛時、後悔三十多歲過著錯誤的生活方式時、變得自我厭惡時、察覺自己心愛的人做了令自己討厭的事時、他們都是無處靠岸的孤舟。在沒有路標的汪洋中，自己一個人被放逐。

我們現在生活在一個非常容易陷入孤獨的社會中。

我高中時的社會和如今的社會，已有了一百八十度的改變。

這二十年間，原本應該守護大眾的社會機制，逐漸被破壞殆盡。本該牢固的社會，溶化成一團黏稠的液體，變成一個不穩定得猶如狂風巨浪大作的大海般的地方。在這樣的社會中，我們被迫乘著一艘隨時有可能解體的小船航行。

一個孤舟化的社會。不論遇難還是沉沒，都要自行負責。原以為牢不可破的連結，也都一一斷裂。所以，孤舟只能靠自己一個人生存下去。

當然，這也代表社會變得「自由」了。因為是孤舟，所以可以自己決定自己的事。從這個角度來說，也有許許多多的優點，然而一旦發生了什麼事，就會察覺到：

「這麼一來，我就只剩自己一個人了。」

還是工作新手時聽不出的社會轟然浪濤聲，在我成為社會中堅後，逐漸聽出來了。

這可能是因為我也對人間、對世間、對社會，有更深一點的接觸了。

見過各式各樣的個案，累積了臨床經驗，同時自己也在自己人生中有了各種生存經驗後，就會切身感受到我們正生活在一個什麼樣的時代。

這件事打開了我的想像力。我逐漸明白，個案所說的生存之難，其實包含著潛藏在這個社會中的生存之難。我逐漸能看到自由又殘酷的社會所帶來的傷害。不只如此，當他們在我面前展現出即使如此也要生存下去的模樣時，我也看到了即使是這樣的社會，也存在著它溫柔的一面。

於是，我開始能根據社會的現實，思考關於心靈的問題。其實就是將諮商變成一件平凡的事。年少夢想中技藝高超的心理諮商，逐漸妥協成現實的模樣。雖然也有令我感到失落的一面，但了解到平凡才是支撐人生的深刻力量，也是中堅分子的命運。

這就是我覺得對心理師而言，中堅是黃金期的理由。

心理諮商所裡進行的只是極微觀的工作。以最小單位的個人心靈為對象，幫助對方做出微小改變的工作。相較於國內生產毛額、地球暖化等議題，我的工作是多麼微不足道。

但既然知道了我在這裡所處理的也是「大家」的苦惱，就能迫切地感受到諮商這極微小的工作，其實也是關於整個巨大社會的工作。

我想，所謂中堅，就是明白心靈與社會深深相連的時期。

＊

被放逐到汪洋大海上的一艘艘小船。

這是心理諮商所的老手所看到的社會風景。

既然如此，身為心理師就必須提出一個問題：

小船如何找出方向，如何航行下去？

換言之，這樣的自由之下，在這殘酷的社會中要「如何生存」？

這就是本書的主題。

這是對於我們所生存的時代與社會，提出的大哉問。想要回答，可沒那麼簡單。

所以，希望你能助我一臂之力。

我想請你坐在那張灰色的沙發上。

也就是說，我想請你與我一起思考你的心靈，思考「你」這一艘小船。這將會成為一股推進力，推動我們找到大哉問的答案。

容我一再重複，我是一名心理師，我的工作就是進行微觀的對話。針對極為個人的、極為具體的事，和個案一起「這也不對、那也不對」地思考摸索，就是我賴以為生的工作。

所以，我想用我習慣的方式進行。我想將我平常在心理諮商所裡做的事，也運用在你身上。

當然，做法不可能一模一樣。在心理諮商所裡，會存在兩個肉身的人。這種狀態有著絕倫的力量，會產生情緒碰撞，會撼動我們的內心。

此刻，我們互相處在不同的小房間裡。我聽不到你的聲音，你應該也聽不到我的。

然而，這樣寫出的語言，並非完全是軟弱無力的。語言能為心靈畫出輔助線。輔助線能為你的心靈理出條理，幫助你用不同以往的眼光看清自己和世界。

這個過程應該能讓我們稍稍窺探出社會生存之難的鳳毛麟角。

＊

來吧，你準備好了嗎？讓我們一起航向汪洋大海吧。

請你坐在灰色的沙發上，向窗外看去。

你應該能看見東京的街道。向下看，地面上是鋪得密不透風的僵硬柏油路；向上看，天空中是四處林立的僵硬高樓。

不，不對。你應該只能看到你的街道——包圍你的、僵硬而不變的風景。

只要持續凝視著窗外的風景，視野就會一點一點化開。你看到了嗎？視線慢慢失去焦距，輪廓逐漸溶化開來，顏色慢慢混合。

原本僵硬的物體開始化成一種濃稠的狀態。無論那裡是學校、公司、家裡，還是經常路過的街道，都逐漸扭曲變形。你所熟悉的風景、街道、世界，都在化為液態。

夜的帷幕正在落下。

請闔上雙眼。

好了，請張開眼睛。

這裡是大海中央。沒有路標的汪洋大海。時間是午夜，月光微暝，吹著溼暖的海風。

灰色的小船載沉載浮。你自己一個人被放逐至此。

不，不對。這裡，快看過來。天色昏暝，可能不容易辨識，但我在這裡。在你附近有一艘綠色的小船正在浮沉。

我是你的小船的輔助船。

好的，現在要往哪裡前進呢？

總之，先揚起船帆，划動起你的船槳吧。

讓我們朝向朝陽，展開一場夜海航行。

Part

1

生存之道不止一種

處方箋與輔助線

你內心是否有一個聲音是希望能拿到一張處方箋，直截了當地教你該如何活下去，但又有另一個聲音是想使用輔助線，好好地思考自己的生存之道？

雖說是夜海，但也風恬浪靜。也許你會想趁此時，帆輕風順地在海上前進，但我們還是暫且收起船帆吧。

我想在航行正式開始前，先做好事前準備的工作。

這可能會是一段長期旅行，我們必須穿越的是一片沒有路標可循的汪洋大海。萬一中途迷失方向或遭遇船難，可就大事不妙了，因此要做好萬全準備。

讓我們先釐清我們各自該扮演什麼角色，也就是接下來我要做什麼，以及你要做什麼。

✚ 什麼是夜海航行

人生中總有迷失方向的時期。

前一刻還生活得順風順水，下一刻就突然泥足深陷。

比方說，在工作上捅了大婁子、被另一半提出分手、和家人發生問題，任何一件事都能輕易地讓我們的日常生活土崩瓦解。

即使沒有遇上那麼嚴重的事件，崩塌也有可能肇因於一件小事。因為小小的失誤而失去自信，因為彼此看似微小的錯待而無法再信任他人。當這樣的情況不斷積累，我們就會失去自己習以為常的日常生活，原本可以預見的未來也不再清晰可見。我們不再知道自己此刻身處何處、接下來又該往何處去。

深層心理學家榮格（Carl Jung）將任何人身上都可能發生的人生危機期，稱作「夜海航行」（night sea journey）。可能是因為此刻的我們正如同一艘小船，漂泊無依地航行在波濤洶湧的夜海上。

或許你曾經遭遇過這樣的日子，或許你正處在這樣的時刻。

夜海航行來得迅雷不及掩耳。自己一個人被放逐到至暗之中，不得不在黑暗中摸索人生。

這種時候，一艘漂泊無依的小船若要持續航行，就需要某些支援。

老實說，支援可分為兩種。這一點很重要。

✚ 支援航行的方法① 心靈的處方箋

你知道嗎？其實書店裡有「夜海航行區」。

這當然不是說書店裡真的有某個區域，被命名為「夜海航行區」，而是書店裡確實存在某一區的書櫃，書櫃上的書籍是專為正在夜海航行的人所提供的。這區書櫃裡擺著被歸類為生存之道、心靈勵志，或自我成長的書籍。宗教、心理學的書也被擺放在這附近。

這類書籍的內容是，教人應該保持何種心態、應該如何生活。有些書會說「要正面思考」，另一些則是說「接納你的負面想法」。還有些書會說「要感謝身邊的人」，另一些則說「要為自己而活」。

書中內容林林總總，各不相同。但有一個共通點，那就是這些書會像夜晚的燈塔般，指出一個明確方向，讓我們知道「朝那個方向前進就行了」。

這很有幫助。

當我們忽然落入夜海航行而茫然自失時，只要有一座燈塔為我們照明方向，就能讓我們能打起精神前進。因為只要知道該往哪裡前進，需要做的就只有划起船槳來而已。

這正是所謂「心靈的處方箋」。

心靈的處方箋可以告訴失去方向的你，該往哪裡前進。

這就是第一種支援夜海航行的方法。

＋處方箋的極限

能成為心靈處方箋的，當然不限於書籍。一上網即能找到大量的建議；找朋友談心，也能聽到每個人從各自人生經驗中汲取出的解決方案。

只不過，這種處方箋也有它的極限。因為有合不合適的問題。

有些人遵照「要正面思考」的指引，人生就能得到救贖；有些人這麼做，反而會讓人生過得更艱辛。

又或者，在人生中的某些時期，我們可以從「接納負面想法」這句話中看到光明的方向；某些時期則是會因為這句話，而更陷入伸手不見五指的黑暗之中。

這真是不可思議。

舉例來說，如果得到中耳炎，此時醫生會開出「服用抗生素」的處方箋。這張處方箋在絕大多數的情況下，都能發揮作用。

然而，心靈的處方箋可就不同了。

相同的處方箋會因人或時期的不同，時而有效，時而無效，有時甚至會傷筋動骨。

這可能是因為心靈的痊癒與身體的痊癒不同吧。

身體的痊癒是身體從異常狀態恢復到正常狀態。斷掉的骨頭重新接起來，細菌被排出身體後，身體回到過去的狀態，我們稱之為「痊癒了」。

但心靈的痊癒並非如此。比方說，工作過勞而陷入「憂鬱」時，若接受治療就能復原的話，恐怕又會再度工作到過勞。若要得到真正的心靈痊癒，那當事人就必須能以不同以往的方法工作。換言之，就是必須在心靈的硬體裡載入不同以往的生存之道。

話雖如此，要載入哪種生活之道才是「好的」呢？這個答案因人而異，所以痊癒之路才會如此困難。

我們每個人各自的狀況不同，生活環境也不同。每個人所經歷過的歷史也完全不同。所以怎麼生活比較好，是依個別狀況決定。關於「好的生活之道」沒有人人通用的標準答案。

或許正因如此，夜海航行區的書籍總是多如牛毛，內容又各不相同。生存之道不止一種。隨著時代變遷，方法不斷增加，此時此刻也有人在為處方箋撰寫著新的書籍。

這麼一來，我們究竟該怎麼辦？難道要一本書一本書地尋找，直到找到最適合自己的那一本嗎？

這倒不必。還有另一種支援夜海航行的方法。

為了讓各位讀者了解這種方法，這裡請容我談談諮商的實際情形。

安全避風港

某天，一位四十世代後半的女性前來諮商。這是她婚後第十年，有一個在上小學的兒子，但丈夫無預警地向她提出離婚，讓她陷入了嚴重的混亂狀態。

丈夫是否愛上其他人了？我做錯什麼了？夫妻關係還有沒有可能重來？不對，反正自己也有收入，是不是乾脆就跟對方離婚算了？但離婚的話，該如何向孩子說明？娘家的父母會不會嫌棄我婚姻失敗？

她才剛被放逐至夜海航行上。負面想法此起彼落，她陷入焦慮。

小船愈想逃離漩渦，反而愈被吸向漩渦中心。這是她給我的感覺。於是我對她說：

「暫時讓自己休息一段時間吧。等頭腦冷靜後，應該就能冷靜思考該如何處理了。」

我這麼說完，便開始跟她討論到醫療機構就醫、取得職場和周圍的幫助之事宜，以及在休息的這段時間，有哪些事該做、哪些事不該做。

小船該往哪個方向前進？

我所提出的處方箋是，先到最近的安全避風港暫時避難。只不過，重點是這畢竟是應急的處理方式。

人生難題

繼續剛剛的故事。

她在工作上得到了兩個禮拜的休假（她是一間小公司的老闆，有優秀的下屬代她處理各項事務），哥哥一家人住在附近，他們會來到她家替她照顧孩子。

她一天之中大部分的時間都在床上度過，她會看過去愛看的漫畫來打發痛苦的時間。

兩個禮拜過去了，比起當初，她穩定了許多。於是她決定回到工作崗位上。這麼做似乎比較好。她說：

「在工作的時候，可以不去想那些事。」

這之後，她也持續前來諮商。她向我報告平日的生活方式，我們一起討論如何減輕焦慮。

我提出處方箋，她加以實踐。有時窒礙難行，有時進行順利。

負面想法仍一直糾纏著她，但她逐漸發現，並不是一切都會在瞬間崩塌。她的焦慮開始得到控制。雖然是且走且行，但她的日常生活也逐步回到正軌。於是她也慢慢恢復了冷靜思考的能力。

看起來，這次的處方箋確實發揮作用了，我也鬆了一口氣。

然而，處方箋最多只能幫到這裡。

因為她的問題可說是完全沒有解決。她接下來必須去思考、去處理的事，仍然堆積如山。我與丈夫的關係該何去何從？為什麼狀況會演變至此？歸根究柢，他究竟是個什麼樣的人？接下來該如何生活下去？我想要什麼，又需要什麼？為何我的人生會落入這般田地？這些都是人生中的難題。沒有放諸四海皆準的正確答案，就算有也幫不上自己。她需要的是，自己得出自己的結論，找出自己可以接受的故事。

在安全的避風港稍事歇息，調整好態勢後，她又必須重新出發，划向漆黑的汪洋，一邊航行一邊摸索新航路。

管理與治療

我來歸納統整一下。

諮商有兩個階段。

第一個階段是，從混亂的狀態前往安全避風港避難。以專家間的術語來說，這個時期稱為「管理」（management），處方箋發揮效力，讓個案先調整好態勢。

第二個階段是，離開安全的避風港，划向夜晚的汪洋。個案一邊在黑暗中摸索，一邊尋找屬於自己的人生目的地。這個階段稱為「治療」（therapy）。

當然，管理和治療並不是可以完全一分為二的。實際上，兩者相互交雜。航行在漫漫長夜裡，需要不止一次地停靠至安全避風港；在安全避風港裡準備的時候，人也會慢慢對自己產生更多的覺察。現在需要的究竟是管理還是治療？一次又一次地判斷這個問題，同時精密地為個案掌舵，這就是心理師的工作。

管理階段會把目標設定在確保最低限度的安全——不隨意傷害自己或他人。以此為目標時，處方箋是極為有效的。因為當人陷入混亂時，如果有其他人能代替自己做出判斷，將會是很大的幫助。

而且有少數個案，只要確保了最低限度的安全，他們就能靠一己之力面對問題。因為他們在實際發生問題前，早已為自己的人生做了妥善的安排。

然而，有的時候光是如此還不夠。

那就是必須重新審視過往的生存之道，摸索出新的生存之道的時候。這就是該治療上場的時候了。個案必須開始面對自己。

此處，讓我們再回到剛才的諮商故事。

什麼是治療？

她從混亂中穩定下來後，便開始投入治療。

在管理階段，我們會針對如何處理眼前的困擾進行討論，但進入治療階段後，我們討論的話題就會拓展至各個方面。像是成長的歷史、平日的人際關係、不經意地在腦中浮現的無謂想法。要了解自己的心理，就必須巨量地談論極為個人的話題。

直到有一天，她談起了她的夢。夢不是指未來的夢想，而是指夜晚的夢境。治療的其中一項特徵就是，會有事沒事地聊起一些非現實的、看似毫無意義的事情。

「我夢見一個不太熟的男生寄了一個小包裹給我。我一邊懷疑裡頭會是什麼，一邊拆著包裹。拆開後，裡面裝滿了漂亮的玻璃碎片，我一不留神把手指劃破了。我血流不止，又很痛。但我想說包裹裡該不會還有其他東西，就繼續尋找著。」

不可思議的夢境。她說那個夢境非常真實，醒來後，還一直延續著夢裡的焦慮不安感。

我一邊傾聽，一邊想起了上次的諮商。那天，她說她接到了丈夫久違的聯繫。

當時丈夫對她說的話，完全就是「玻璃碎片」的寫照。那些話表面上冠冕堂皇，實際上卻深深地傷害了她。丈夫對她沒有一絲體貼。

她那時候非常生氣。

「這人太過分了。我對他沒有感情了。」

她不屑地這麼說，而且絕望地認為兩人只有離婚一途了。

她後來做的夢，是為了傳達上次諮商中，她來不及組織成語言的想法。我一邊這麼想，一邊對她說：

「這讓我想起我們上次見面的談話。妳那時候因為妳丈夫而感到受傷。妳感到很絕望。我想妳一定是真的這麼想，但夢中的妳，好像還在繼續尋找著妳和他的關係是否還存在什麼美好的事物。」

看起來，她的內心裡有兩個不同的她。所以，我試著為她的心靈畫出一條輔助線。

她沉默了一會兒，紅了眼眶。然後，小聲地說：

「真奇怪……明明就只有玻璃碎片而已。」

「嗯。」

我等著她繼續說下去。

「可是，我心裡的確有某個部分還想再相信他一次……所以我才這麼痛苦。」

＋ 支援航行的方法② 心靈的輔助線

心靈的輔助線，這就是支援夜海航行的另一種方法。

輔助線是在面對複雜的圖形時，不將圖形加以簡化的處理技巧。你可能在過去的數學課學過。

比方說，有一個問題是：求不規則五邊形的面積。因為是不規則的形狀，所以光是這個圖案的話，會不知道該從何算起。

這時，如果畫上一條輔助線，就能看出這個五邊形是由一個三角形和一個四方形組合而成。

只要分別求出三角形的面積和四方形的面積，再將兩者相加，就能得出不規則五邊形的面積了。

將複雜的事物先分割成單純的形狀，之後再將分割出的形狀結合起來。這就是輔助線的功能。

心靈的輔助線也是相同的道理。這是一種在面對複雜的心靈時，不加以簡化的處理技巧。

比方說，這個故事裡，心靈的輔助線將她對丈夫所抱持的複雜情緒加以分解。因丈夫的聯繫而大受打擊的她，可以分割成「因受傷而絕望的她」和「仍想相信對方的她」。

她既厭惡自私的丈夫，同時也仍愛著他。這是十分痛苦的。而輔助線讓她知道，這才是她當下的所在地。

「分解」就是「了解」。透過輔助線分解複雜的心靈，於是我們逐漸能看清自己內心有哪些想法，自己正在跟什麼天人交戰。

我剛才將處方箋比喻為燈塔。因為混亂的時候，燈塔能指示出一個明確的方向，照亮我們該前進的航路。若從這個邏輯延伸，那輔助線或許可比喻作手電筒。它是一道照亮近處而非遠處的光。

透過手電筒的微弱光線，就能稍稍為我們照亮潛藏在小船上的東西、隱藏在周圍海面上的東西。

「了解」伴隨著苦楚。因為這是在將目光投向不想看到的東西，將手伸向不想觸碰的部分，去思考一想到就難受的事。所以這麼做當然苦楚。

現實中的她也確實因為察覺到自己心中仍有愛，而變得既糾結又痛苦。若能一刀跟對方切得一乾二淨，那該有多痛快、多輕鬆。

即使如此，這種正視心靈的做法，仍有其價值。

因為這麼做可以拓展心靈的可動範圍。讓我們能夠思考以往所想不到的事，能跟過去所拒絕承認的感受共存。

如此一來，我們就會慢慢能面對原本害怕的現實，能夠一點一點地挑戰過去所否定的生存之道。以她的情況而言，則是稍微能夠消化自己對丈夫的複雜情緒。而這個「稍微」又為她帶來對自己和對這個世界的新認知。

不斷重複這樣的行為，就是所謂的治療。而我們正是要透過這個方式，找出自己的人生航道。

✚ 處方箋還是輔助線

接下來，我和你的夜海航行就要啟程了。

現在你是否已明白，有兩種東西可以作為夜海航行的支援？

第一種是心靈的處方箋，這是為你照亮航路的燈塔。

另一種是心靈的輔助線，這是照亮你與你的周圍的手電筒。

兩者沒有孰優孰劣的問題。

就像在諮商的過程中，會依據時間與狀況，時而進行管理，時而進行治療。同樣地，人生中有時是處方箋有效，有時是輔助線有效。

需要使用哪一種，是依個別狀況決定。

重點是現在的你正處在什麼樣的狀況中？

此刻，你所需要的是處方箋，還是輔助線？

你覺得呢？請你稍微想想看。

這真是道困難的問題。

你內心是否有一個聲音是希望能拿到一張處方箋，直截了當地教你該如何活下去，但又有另一個聲音是想使用輔助線，好好地思考自己的生存之道？

那我們換個角度想想。

此刻的你是待在安全避風港避難比較好？還是透過夜海航行去找尋你的目的地比較好？再換一個問法，就是：你現在需要的是管理？還是治療？

不對，或許還是太難了。畢竟一個人要看清此刻的自己正處在什麼狀態，並不是件容易的事。

沒關係，你不必立刻給出答案。

應該說，這種兜兜轉轉，這也不對、那也不對的思考過程本身，就是具有意義的。

是的，「處方箋與輔助線」就是我們的第一條輔助線。

為亂無頭緒的自己畫一條輔助線。因為被問到要選「處方箋還是輔助線」而開始思考後，你才會看見自己的兩面性。如此一來，你就可以進一步思考：這兩面是以什麼樣的比例存在？怎麼樣的分配才是好的？

於是，或許你就能多一點點勇氣，覺得自己可以試著把手伸向以往總是避開的事物了。

接下來，我就是要與你一起做這件事。

我的小船上有一個袋子，裡面放著六根像棒子的東西。上面各寫著一行文字。

「馬匹與騎手」

「愛情與工作」

「分享與秘密」

「舒暢與糾結」

「正面與負面」

「純粹與不純」

我的工作是根據需求，將這六條輔助線拉出來，並說明那是什麼。

你的工作是實際在你的內心畫出那樣的輔助線。讓自己兜兜轉轉，這也不對、那也不對地去糾結、去思索。

一邊在海上航行，一邊發現航路，找到屬於自己的生存之道。
這就是「夜海航行」的實踐方式。

如何？你做好暖身了嗎？
輔助線這種東西，與其多說，不如實作。
升起你的船帆吧。
夜海航行正式啟程。

Part

2

心靈不止一個

馬匹與騎手

為何無論是站在騎手那邊，還是站在馬匹那邊，最後我們的心靈都會只剩騎手呢？這是因為我們所身處的時代，是一個必須乘著孤舟航行的時代。

夜風吹來，真舒服。你也差不多開始熟悉如何駕駛小船了吧？你操縱風帆的模樣，愈來愈有那麼回事了。

不過，小船明明前進得很順利，但無論再怎麼划，仍是汪洋一片；無論再怎麼前進，仍是黑夜籠罩。整個世界只剩黑夜與汪洋。

我們甚至不知道小船究竟是在前進，還是在原地兜轉。

這就是夜海航行的難處。

暫停一會兒吧。手忙腳亂地拚命划槳，也不是辦法。讓我們先用手電筒照一照四周，找找看有沒有什麼線索吧。

對了！在這附近畫一條輔助線吧。或許能幫助我們掌握方向感。

用哪條輔助線好呢？等我一下喔。讓我在袋子裡找一找，看看哪個最好。

怎麼了？

你突然大叫一聲，嚇了我一跳。發生什麼事了？

什麼？後面有東西正在靠近？

真的吔。有幾盞燈一閃一閃的。還能聽到引擎聲。有東西來勢洶洶地朝我們靠近。

快艇嗎？

不，不對，是處方船！

處方船現蹤

一、二、三、四。

我們被四艘處方船團團圍住。他們拿出大聲公了。

「積極正面地前進吧！」

最左邊那艘光輝耀眼的處方船，開朗而篤定地說：

「你必須以正面思考看待。只要換一個思考方式，世界就會跟著改頭換面。」

「找找看船底。」

第二艘處方船語調溫柔。

「真正的你有沒有在那裡沉潛著？這是一生一次的航行，要去就要去自己想去的地方。你看，你已經開始閃閃發光。」

「戰勝自己！」

看來第三艘處方船是個熱血男兒啊。

「只要改變划槳的方式，船頭的方向就會改變。船頭的方向改變了，小船也會跟著改變。小船改變了，航行上的一切都會改變。你現在所做的事，決定了你今後的命運。」

「先動起來就對了。」

第四艘粗獷的處方船，忙著對我們指手畫腳。

「與其思考不如行動。拿起船槳，划起來，一秒都不准休息。犯了錯，就用最快的速度修正！」

哦，這些處方船還真強而有力。

既有刺眼的燈光，又有高分貝的大聲公。引擎的馬力十足，足以拖著你抵達某個港灣。

處方船是夜海航行的指路人。是照亮航路的行動燈塔。

什麼？正能量的處方船比較有魅力，所以你想跟著他們走？

我懂。他們真的會給人一種很可靠的感覺。你想跟著他們走的心情，我懂。

但是，這裡請你先忍一忍。

畢竟，以你的情況來說，他教你要積極正面地前進，但你卻連前後左右都還沒有摸清楚，不是嗎？

別衝動行事。先看看狀況，把事態徹底摸清。等到摸清之後再決定。這才是夜海航行的基本法則。

這裡先讓他們離開。

處方船，謝謝你們。我現在還ＯＫ，沒有這個需求。下次有機會時，會回來麻煩你們帶路。一路保重，下次再見！

糟糕，好像有暴風雨要來了。

但暴風雨或許來得正是時候。剛才就在我們差點被強而有力的處方船，也就是處方箋感化的時候，我想起了一條非常合適的輔助線。

沒錯，就是將複雜的心靈加以分割的輔助線。那是一條寫在教科書第一頁、心理學上最基本的輔助線。

對了，我想跟你說一個個案的故事。

我們先幫他取名叫「達哉」吧。他是一名男性電腦工程師，當時年齡介在二十五到三十歲，留著一頭「削邊頭」髮型，而且抓得很有型。達哉前來尋求諮商的契機是「憂鬱」。他心情沮喪，無法專注工作。他的訴求就是希望改善這種狀況。

被強灌處方箋

我從諮商開始之初就知道，達哉對於當下的職場有著強烈的不滿。因為那家公司作風保守，不承認他真正想做的事稱得上是工作。如果繼續耗在那邊做著自己不喜歡的工作，自己人生就會在轉眼間結束。所以，非換工作不可。這個想法在他心中盤據成了一道漩渦。

另一方面，他也感到很不安。辭去當下的工作後，自己究竟能不能好好走下去？自己想做的事到底值不值得冒險嘗試？他不知道。他沒有自信。

不僅如此，更棘手的是，甫入公司，他的直屬女主管就一直對他照顧有加，他感到主管對他有恩。達哉認為換工作就是對主管的背叛，因而採取不了任何行動。

傷透腦筋。他的心靈時時刻刻都在變形。

某天早上，他看見了自己辭去當下的工作、展開新工作的未來。所以他下定了決心，但傍晚時又覺得辭職的話，會對不起主管，於是又為留在當下的工作崗位上找到了理由。相同的情況不只以一天為單位發生，有時也以一週為單位、一個月為單位發生。他內心的感受剪不斷理還亂。

某天，達哉前來諮商時，帶著一臉如釋重負的表情。

「我決定了，我要辭職。我明天就跟主管提辭呈。」

我十分吃驚。上週諮商時，他的內心還纏繞成一團亂麻，如今卻豁然開朗。

一聽之下，是他讀了工作上的前輩所推薦的書，煩惱就如撥雲見日般地消失了。

「人生只有一次，把時間用來煩惱太浪費了。既然你有想做的事，那就與其思考，不如先行動起來。」據說那本書上寫著這段非常有力的話語。

「我決定要自己創業。不是要到其他公司工作。」

達哉這麼說。

「現在有沒有訂出什麼具體的做法？」

「都還沒有。」

達哉此時放低了音量。有一瞬間，羞恥在他臉上一閃而過。但他立刻加強了音量。

「可是，我覺得得先動起來。有些事情不開始動手，永遠不會去做。總之，我會先遞辭呈。這是我第一步要做的事。」

達哉繼續高談闊論著他那難以稱得上是切合實際的未來計畫。他看起來意氣風發，心情愉快。在只剩下十五分鐘時，他才突然一改之前的表情。

「我在想諮商也就到此為止了。因為我已經有結論了。」

他的口氣堅決，這讓我有點錯愕。一切都太突然了。

我該如何回應？這是非常重要的局面。當我一語不發地思考時，達哉瞬間顯現出不安。他本該豁然開朗的表情，蒙上了陰霾，並且開口問道：

「那東畑先生覺得如何？」

達哉的內心打算強吞下那個強而有力的處方箋，想把複雜的心靈變簡單。而在他心靈的某個角落，卻也對於過度簡單的自己有所不安。

這時候就該輔助線登場了。我們有必要將心靈分割成多個部分。

＋心靈是劇場

「心理學」的英文是「psychology」。

「psyche」意指心靈，「logos」是指邏輯或思考。psyche（心靈）的logos（邏輯／

思考），就成了psychology。

有趣的是，psyche來自古希臘文的「ψυχή」，這個詞同時有「蝴蝶」的意思。蝴蝶一下在這兒翻飛，一下在那兒穿梭，沒有一個定處。想伸手去抓蝴蝶，牠們就會從指縫間溜走。

古希臘人或許是看到這樣的蝴蝶，覺得跟自己的心靈很相似。

達哉的心靈也是如此。

他的心靈在換工作這件事上不斷變形。

然而，只要用手電筒照射，仔細地觀察入微，就會發現那裡有一個堅硬的結構。因為他一直重複播放著同一個想法。

達哉的內心存在著兩種聲音，兩者此消彼長，交替出現。每隔一段時間，就會換成另一個聲音說話，所以他的心靈彷彿一下在東、一下在西。

若是如此，那我要跟希臘人說聲抱歉，心靈不是類似蝴蝶，而是類似劇場。

達哉的心靈裡有個舞台，由「轉職去夫」和「現狀維持太郎」兩人擔任雙主演。去夫有去夫的想法，維持太郎也有維持太郎的疑慮。他們利害不一致，兩人間的衝突愈演愈烈。這就是達哉內心掙扎的真正原因。

兩者的權力平衡關係，每隔一段時間就會改變一次。當他感受到主管的體貼時，維持太郎就會提高音量說：「你看，這裡是個好地方啊。」反之，當主管表現出保守的態度時，去夫就會奪得發言權說：「什麼爛職場，誰幹得下去！」當他在工作上碰壁而失去自信時，維持太郎就會說：「穩定最重要。」當他在工作上取得重大成果時，去夫就會得意洋洋地說：「不讓我大顯身手就太可惜了。」

舞台上的戲劇如同雲霄飛車般，局勢時時刻刻都在變化。所謂煩惱，就是這麼回事。因為心靈內部的局勢瞬息萬變，從外面來看，就如同蝴蝶般捉摸不定。

然而，實際上舞台卻是恆常不變的，改變的是舞台劇裡的局勢，無論登場人物之間有著什麼樣的關係，彼此的氣勢消長才是重點。

那天的諮商，達哉內心微妙的權力平衡關係，已被強而有力的處方箋破壞。處方箋成了去夫的得力戰友，將維持太郎趕下了舞台。

雖說如此，維持太郎並沒有死去。他只是穿過舞台側幕，從觀眾的視線中消失，但他仍虎視眈眈地等待著重新登台的機會。

達哉在諮商最後，詢問我：「那東畑先生覺得如何？」這應該是被推入舞台側幕的維持太郎，用盡全力才好不容易發出的聲音吧。

✚ 心理學是什麼？

在研究這種內心劇場的，正是心理學（psychology）。

進入書店就能看到書櫃上陳列著密密麻麻的相關書籍，有精神分析、榮格心理學、認知行為治療、人本心理學等等。這些書籍各自闡述著心靈是如何成立的。

比方說，精神分析提出了「意識與無意識」「自我、超我、本我」，榮格心理學則提出「自我與自性」「阿尼瑪與阿尼姆斯」，其他心理學家還提出了「自我概念與自我實現」「真我和假我」「認知、行為、情緒、身體」「系統一和系統二」等等理論，這些心理學的理論將心靈分割成各式各樣的概念。

這形形色色的概念雖然內容各異，但同樣都是將心靈一分為複數，並分別加以命名。這與方才我將達哉的心靈分割成「轉職去夫」和「現狀維持太郎」，在本質上並無二致。

心靈不止一個。這是心理學的大前提。

心理學是一門輔助線的學問。這門學問可說是在揭開「心靈是由多名玩家構成」的祕密，並進一步查明這些玩家之間具有什麼樣的關係。

這裡，我想畫一條這其中最基本的輔助線。這是前人開發出的大量輔助線中，最大公因數般的輔助線。當我們已經被強大的處方箋感化過頭時，最基本的心靈分割法應該能對我們有所幫助。

我們來嘗試看看吧。

來喲來喲，走過路過千萬別錯過！

我們的心靈到底是由什麼和什麼組成？

暢快揮灑、一筆到底，畫出一條輔助線。

一陣煙霧團團升起，剎那間煙霧之中出現了馬匹與騎手。

他們到底是誰？

✚馬匹與騎手

為心靈畫上一條輔助線後，現身的是馬匹和騎手。

不受控的馬匹和想控制馬匹的騎手。

你的心靈就在兩者的相互推推拉拉之中運作著。

寒冬的被窩是個明顯的例子。

從鬧鐘響起的那瞬間，馬匹和騎手間的鬥爭就展開了。

馬匹主張還想多睡一會兒，騎手主張該起床準備了。如果馬匹戰勝騎手，你就會睡起香甜的回籠覺。

但騎手也非等閒之輩。只要他事前料到會有這麼回事，而在十分鐘後設定了鬧鐘，那麼第二輪的比賽就會再度開打。

馬匹與騎手在早晨的被窩裡相互對抗。

馬匹是喚起你的內心衝動的部分。馬匹無視於現實，一味地滿足自己的慾望。

相對地，騎手是擔任你內心舵手的部分。騎手掌握現實，駕馭自我，以配合現實。

此處存在的是「控制」的關係。只不過，兩者可以產生各式各樣的權力平衡。

例如，有時馬匹會變得狂暴，試圖把騎手甩落。此時，內心劇場就會宛如牛仔競技的現場。

或者，有時騎士調教過頭，把馬匹操到疲軟無力。

當然也會有馬匹與騎士合作無間、愉快地向前邁步的時候。

你的馬匹與騎手正在維持著什麼樣的平衡呢？

＋處方箋有兩種

請你回想一下那幾艘處方船。

「積極正面地前進吧！」「找找看船底。」「戰勝自己！」「先動起來就對了。」

他們分別說著這幾句話，為你照亮航路。

這時，「積極」處方船和「戰勝」處方船所指示的道路，是跟騎手站在同一邊的處方箋。

他們勸戒騎手要去控制消極負面或懶惰成性的馬匹。

相對地，「船底」處方船和「行動」處方船則站在馬匹這邊。

他們說，要發現馬兒、尊重馬兒、讓馬兒自由前進。

是的，世間的處方箋分成兩種。無論是夜海航行區的書籍、生活周遭的建言，還是充斥網路的金句，都可分為挺騎手的處方箋和挺馬匹的處方箋。

所以我們自然會這樣想：

騎手勢力過剩的話，就會需要挺馬匹的處方箋；馬匹勢力過剩的話，就會需要挺騎手的處方箋。

這是符合常理常識而妥當的想法。大致上來說，確實是如此。

但奇妙的是，實際上無論你聽從的是挺騎手的處方箋，還是挺馬匹的處方箋，最終你的心靈中都會只剩下騎手。

怎麼會這樣呢？

✚挺騎手的處方箋

前幾天，某間小學刊發的健康宣導單，在社群網站上蔚為話題。宣導單上除了教導如何戴口罩、要攝取均衡營養的飲食之外，還有一個主題是「讓我們跟煩躁和平共處吧」。

文章的內容是介紹可供小朋友們控制憤怒的三種方法。

第一種是「數數字」。這是在怒火中燒，使用暴力前，先讓自己冷靜下來的策略。

第二種是「說正面積極的話給自己聽」。這是在心裡默念「沒關係」「別在意」，讓心情恢復平和的方法。

最後一種是「離開現場」。插圖上畫著看似在背後說壞話的朋友，並鼓勵小朋友跟他們保持距離。

這些其實是一種名為「憤怒管理」的心理學技巧。正如其名，這是一種控制憤怒情緒的技術。從這點來看，這份健康宣導單的水準相當高，竟是根據心理學的專業知識寫成的。

但也確實會令人感到哪裡怪怪的。畢竟，同班同學在背後對其他同學說自己壞話，會怒氣攻心應該是十分自然的反應。

這時候，恐怕不是要強迫自己在心裡數一二三四，而是應該向周遭的大人求助才對吧？應該嚴厲地指正同班同學的行為，別讓背後說壞話的情況再次發生才對吧？

換言之，該改變的不是當事人，而是環境才對吧？該負起責任解決問題的，不是當事人，而是周遭的大人才對吧？我不禁這麼想。

現在連小學生都被開出了「騎手，加油！」的處方箋。

這就是令人感到怪的真正原因。

是否太苛刻了？

仔細想想，這種「騎手加油」的吶喊聲，就是貫穿我們整個社會的「通奏低音」，低沉而不絕於耳地演奏著的旋律。

學生不斷被要求「獨立自主」。大家都必須成為能夠自己訂定計畫，並加以執行的人。

出社會後，要求又更升級。必須控管健康狀況，調整工作進度，留意人際關係，還得自我投資，規劃職涯。

最近日本還出現「終活」一詞，也就是趁還在世時，就替臨終做好準備。看來我們連人生的結束方式，都得自行控制得宜。

透過騎手進行巧妙的自我控制，這才是今日社會為我們定下的倫理道德。

這個世上充斥著挺騎手的處方箋。

✚ 挺馬匹的處方箋

反之，挺馬匹的處方箋則是建議鬆開騎手的控制，讓馬匹獲得自由。

耐人尋味的是，對騎手來說，馬匹明明是個製造麻煩的角色，但挺馬匹的處方箋卻來個一百八十度大改變，將馬匹視為閃閃發光、為人生帶來美好的角色。

馬兒確實也有馬兒閃閃發光的地方。

例如，音樂家們常說，他們曾經陷入低潮期，而遠離工作，卻在漫不經心地做菜、散步的時候，腦中浮現嶄新的旋律。此時，帶來靈感的不是騎手，而是馬匹。

又或者，經營者或創業家常說「人生只有一回」，並宣揚解放馬匹是多麼有價值的事。他們慷慨激昂地說，只有去冒險，才能把握新契機。

還有，戀愛說不定也是如此。戀情始於馬匹的引導，有時是透過馬匹的失控，才使得兩人的關係升溫。

這些現象的共通點是「馬匹會帶來新事物」。騎手講究現實，馬匹則不一樣，牠容易不切實際，因此能通往新的事物。馬匹會將我們帶往我們意想不到的地方。這確實是馬匹的優秀之處。

然而，馬匹也有牠的副作用。

因為騎手放鬆了對牠的控制，所以現實會變得不穩定。當無法控制的部分增加時，風險就會跟著提升，這是理所當然的事。

若真的放任馬匹自由，就有可能造成各種困境，例如過度揮霍金錢、無法好好控制情緒而破壞了人際關係等等。

談戀愛時更是如此。一旦喜歡上一個人，心情就會忽上忽下，還會做出各種事後讓自己羞愧得無地自容的事。

因此，如果仔細閱讀挺馬匹的處方箋，那你應該能發現，其實處方箋各個角落都加上了一段小字：「騎手，加油！」

你不妨回想一下「行動」處方船說了什麼。

「與其思考不如行動。拿起船槳，划起來，一秒都不准休息。犯了錯，就用最快的速度修正！」

這段話的第一句是站在馬匹這邊，但從第二句開始就混入了對騎手的喊話，到了最後一句，已經完全是站在騎手這邊了。

處方船也十分清楚吧。解放馬匹會增加風險，所以必須告訴騎手要拚死拚活地去處理善後。

其實，那些看似自由奔放的藝術家和創業家，如果實際和他們見上一面，就會發現其中不乏非常努力的拚命三郎，也有不少對細節小事一絲不苟的人。

原本是站在馬匹那邊，結論卻變成「騎手加油」。

為何無論是站在騎手那邊，還是站在馬匹那邊，最後我們的心靈都會只剩騎手呢？

這是因為我們所身處的時代，是一個必須乘著孤舟航行的時代。

✚ 社會的孤舟化

換句話說，就是「社會的孤舟化」正在快速發展。

過去並非如此。我們曾經互乘一艘大船，大家在一起航海。儘管大船的樣貌會隨著時代而改變，有時是「部族」，有時是「宗親」，有時是「村落」，有時是「公司」，但人類本身應該就是一種被程式設計成大船船員的動物吧。實際上，作為人類祖先的猴子，也是群居的動物。

在大船上，相信有時會感到壓抑，有時也會感到拘束。然而一旦發生變故，風險則是由大家一起承擔。大船的機制就是在支援脆弱的個人，讓彼此互助合作。

時代改變，人們逐漸開始離開大船，駕駛小船航海。

最初希望成為小船的，只有少數想逃離大船的壓抑性的個人。「我想獲得自由。」他們懷著這樣的願望，想嘗試這樣的生存之道。

這股潮流逐漸席捲了更多的人。如今，無論期望與否，每個人都會以孤舟的形態被放逐到這個社會上。

船隻小很危險。稍微有一陣浪、一陣風，就能讓船身晃動，嚴重時甚至有翻船的可能。只要掌舵出了一絲差池，就會漂流到一個無法回頭的境地。

而最危險的是，當我們遇上這種情況時，一切風險與責任，都得自負。所有危險、所有損失，沒有其他人能代為承擔。

既然是駕駛小船航行，就有必要對外界打開全方位的探測器，掌握風險，並一一加以迴避。因為騎手的失誤，威脅到的是生存，所以一刻也不得放鬆。

✚ 時代的要求與臨床工作者

個人覺得，社會的孤舟化現象已經發展過度了。過度強調自行負責，出問題時全都是自己的錯。東山再起又不容易，而且每個人都需要把龐大的資源用在風險管理上。

雖然許多人說，孤舟化讓我們得到自由，但我卻懷疑，實際上孤舟化甚至是讓我們變得不自由。

我認為，社會的設計需要變革，應該要有一個更能守護小船的設計。

雖說如此，我既非革命家，也非政治家，又非社會思想家。我只是一介心理師而已。我不能坐等社會改變。我的工作是，思考眼前的個案該如何在現有社會中生存下去。

前面的敘述中，我對挺騎手帶有若干否定性語氣，但實際上，我自己也採取了不少挺騎手的諮商方式。我的諮商可能有一半都是挺騎手的。

是的，就是進行管理的時候。此時，我會暫代騎手的角色，一邊調整環境，一邊與個案討論像是如何降低焦慮、如何與負面想法共存等話題，換言之，就是討論騎手可以採取哪些方法駕馭馬匹。

面對那些苦於馬匹失控的個案，挺騎手的諮商很有幫助。畢竟在孤舟化的社會中，還是要做到某種程度的自我控制，比較容易生存。

順應時代要求——這也是臨床工作者的重要工作。

然而，這並非全部。

臨床工作者也必須開拓出不同於時代要求的生存之道。

因為有些個案就是過分迎合這個挺騎手社會，結果讓自己處處遭到騎手掣肘而苦不堪言。他們的馬匹正在發出悲鳴。

只不過，困難之處在於，這樣的人卻以為自己之所以痛苦，是因為騎手不足。問題明明出在過度控制，他們卻責怪自己缺乏控制，他們是為了使自己發揮出更強大的控制力，而來尋求心理諮商的。

給我更多騎手。他們向我討要著。

但他們真正需要的，明明是去傾聽馬兒的聲音。

所以要畫輔助線。透過分割心靈，讓個案發現他們過去從來無法想像的馬匹之聲。

這裡讓我們再次回到達哉的諮商故事。

達哉的馬匹在想什麼？又在尋求什麼？

達哉的視角

「那東畑先生覺得如何？」

這是十分重要的提問。因為打算同時辭去工作也停掉諮商的達哉，此時內心發出了另一種聲音。這會是誰的聲音？我花了一點時間整理好我的思緒，才向他開口：

「我們過去討論過，在你心中有一個想換工作的你，和一個維持現狀的你。」

達哉點點頭。

「轉職去夫和現狀維持太郎。」

「沒錯，就是他們。我覺得，如果去夫是一匹馬，那維持太郎就是騎手。過去馬匹一直想暴衝，但都被騎手勒住了韁繩。這就是你過去的內心掙扎。」

「是。」

「但是現在，馬匹卯足了勁，似乎想要扯斷騎手的韁繩。去夫正打算把維持太郎甩下馬背。我在想，會不會是對這件事感到不安的維持太郎，正在向我尋求意見。」

在處方箋的加持下，馬匹開始發狂，窮途末路的騎手正在尋求援助。所以達哉才會開口問我覺得如何。這就是我那時的想法。

可是，達哉一副不能苟同的模樣。他皺起眉頭，想在腦中拼湊組合出完整的字句。現在換我等他回答了。

達哉開口。

「或許是吧……」他在腦中搜索字句，然後說道：

「想創業這件事，真的是馬匹搞的鬼嗎？」

我覺得這是一語中的的疑問。

「你可以再多說一點嗎？」

「沒有啦，我總覺得，從現實來看，創業本身是錯不了的。」

「是這樣嗎？」

「我覺得，不管怎樣，主管都不能理解我想做的事。只要職場維持現在的結構，這件事就是無解。這點我也明白。所以我覺得，創業這個選項本身，是現實可行的。」

確實如此。他的公司極度保守，主管也是保守派的人。再說，社會狀況會迫使人趨於保守，我也明白這種現實狀況。正因如此，認真為他今後的職涯設想時，創業確實是個可能的選項。因為他確實具有相應的技術與經驗。

然而，他的決定過於唐突，這也是事實。我無法不覺得這是一個不顧前後的莽撞之舉。馬匹與騎手複雜地交織在一起。我漏看了某件事。我必須思考那件事究竟是什麼。

複雜的轉職去夫

忽然間，我想起了他所經歷的人生。

達哉是一個飽經滄桑的人。他由單親媽媽一手帶大，很早就脫離了家庭，獨自生活。他是在第一次考大學落榜、成了重考生的那段期間離家的。某天，他突然離家出走，找到了一個提供住宿的工作。供宿工作做了大約三年後，他下定決心進入大學就讀。後來，他一邊工作一邊將大讀念完，並入職了現在的公司。

也就是說，達哉過去也曾有過人生突然大大轉向的經驗。

那個經驗是來自於他與母親之間棘手的關係。他對於獨自將他撫養長大的母親，懷著深厚的感激之情。因此，從小他就不斷地滿足母親對他的期待。達哉是母親引以為傲的兒子。

兩人是在達哉考大學時產生嫌隙的。母親要求達哉像與她離婚的前夫一樣，去念法律系，成為一名法律工作者。或許她是想爭一口氣給前夫看。

問題是達哉對法律毫無興趣，他想成為的是一名電腦工程師。這是他與母親之間第一次出現代溝。達哉不知道該如何填平這道代溝。

結果，他因為提不起勁念書，在第一次考試落榜，而開啟了重考生活。但開始準備重考後，他還是無法與母親討論此事。因為他覺得母親不會諒解他的選擇，更覺得光是自己擁有和母親不同的想法，對他母親來說都是一種傷害。他一直想著：我不能背叛我媽媽。

雖說如此，但他又提不起勁準備法律系的考試。他意志消沉，過著漫無目標的生活。他的人生停滯不前。

達哉在這樣的無可奈何之下，某天突然離家出走。他什麼也沒向母親說明，只留下了一張便條紙，就離開了。

反正不會得到諒解，那不如靠我自己一個人解決。他就是在這種情況下，激進地改變自己的生存之道。

「我記得你重考時也是這樣吧。」

我如此說道：

「那時候你也是突然就下定決心。」

「啊！」

達哉吃了一驚，沉默半晌後說：

「或許真的很像。」

「當你覺得反正對方一定不能理解時，你的騎手就獨自做出了決定。」

「……我想是因為我覺得對方絕對不可能諒解。」

他對我說的話有反應。所以，我繼續說道：

「馬匹希望得到諒解。但一直抱著這樣的期望太苦了，所以騎手就突然做出了決定。」

「轉職去夫的心裡可能很複雜吧。」

「你說得對。」

達哉的內心劇場中有兩個角色：轉職去夫和現狀維持太郎。前者是馬匹，後者是騎手。我本來一直是這麼以為的。

但實際上，轉職去夫的心裡可能也存在著馬匹與騎手吧。一心想著「反正主管不可能理解我」而感到受傷的馬匹，以及為了消除那種痛苦而逃跑似地投奔創業的騎手。

雖然劇情有些複雜，但這也沒辦法。馬匹和騎手就是這樣複雜地交織在一起。

這麼一來，他問的那句「那東畑先生覺得如何」，果然就是馬兒的聲音嘍？那不正是在向我大聲疾呼說「我想要你的理解」嗎？

當我思索至此，才覺察到這一點。明明近在眼前，我卻一直沒看見的連結，如今我終於看見了。

達哉向我詢問的，不正是過去他無法向母親問出口的那句話嗎？

戲碼總是重複上演

「你想要結束諮商，說不定也是相同的心情吧？」

我對他說出了我的想法。

「什麼意思？」

「創業是你一直想做的事，不是嗎？」

「……確實是。」

達哉一臉難為情地回答道。

「我對你的職涯願景，一直採取十分保守的說法。」

「……或許是吧。」

身為一名臨床工作者，我內心某個角落還是希望他能過著安穩的生活。因此，對於高風險的行業，我的確採取了謹小慎微的態度。

「嗯，所以，關於創業，你可能也覺得反正不可能得到我的理解。」

他聽了，支支吾吾地說道：

「……我覺得你可能會大翻白眼，覺得我在痴人說夢。」

或許不只在創業上吧。

想得到理解，卻不覺得對方會理解。所以，一個人出走。

這是在他內心劇場中重複上演的戲碼。

這齣戲在他和母親之間發生，在他和主管之間發生，甚至在他和我之間發生。

如此說來，現在該做什麼就顯而易見了。

既然已經知道改編的是哪齣戲的劇本，對於如何改變一成不變的結局走向，我就心裡有底了。

他需要的是坐下來好好討論。試著將他人可能無法理解的事，跟對方正面攤開來講。不是自己一個人為所有的事做出決定，而是不屈不撓地與他人一起決定。

「要不要再給自己一點時間？」

我說出我的想法。

「無論是工作，還是諮商，在你要結束之前，都先和彼此討論，做好完善的準備。這不就是你過去沒有辦法做到的事嗎？」

得到周圍的支持，再投奔下一個世界，這樣不是比較好嗎？我附帶了一句：

「不過，或許我又會提出一些保守的意見。」

他微微揚起嘴角。

「的確是很保守，但我在做供宿工作的那段時期，確實過得還挺苦的。」

達哉的馬匹太率真了，我也不禁笑了起來。

後來，達哉能夠多給自己一點時間了。他能夠和形形色色的人，包括主管，坐下來討論，坦率地表達自己的想法，並接收對方的回應。他就這樣為人生的下一個階段，一步一步地做著準備。

令人驚訝的是，當他這麼做之後，那位主管竟然同意了讓他擁有副業。那是一年後的事了。

他就這樣創立了一個員工只有自己一人，只有週末才營運的微型公司。

他開啟了一段既隸屬於一艘大船，同時又能自己駕駛小船的海上航行。

✚ 傾聽馬兒的聲音

前面說了很多，讓我們來回顧一下。

畫出心靈的輔助線後，可以將騎手和馬匹分開。他們是在名為「控制」的關係下相結合的。

騎手掌握現實，迴避風險，自行掌舵。當騎手確實發揮作用時，我們就能將社交生活經營得當。

相對地，馬匹無視現實，衝動行事，在心中掀起狂風巨浪。馬匹既是增加風險的麻煩製造者，同時也是為人生帶來嶄新事物的閃閃發光的存有。

騎手試圖控制馬匹，有時控制得宜，有時控制失敗。這是畫出輔助線後才能看出的心靈結構。

不，豈止如此。當我們站在騎手的角度時不容易看見，但馬匹還有另一個重要的作用。那才是達哉內心真正發生的事。

馬匹是我們心靈受創的部分。心靈存在著怎麼也掩蓋不住的傷口，那裡會產生痛苦。馬匹被痛苦所驅動。牠試圖找人來為牠撫平那個痛苦。

是的，馬匹需要他人。日文中會用「馬氣息相合」來形容彼此合得來。正如這句日文慣用語，讓人與人產生連結的，不是騎手的強大，而是馬匹的脆弱。

這正是孤舟化社會容易遺漏的部分。

今日我們身處的這個社會，將「好的生存之道」想成是「一個人能自我控制，過著獨立自主的生活」。像馬匹這種需要他人的依賴性的一面，則容易被視為壞的部分。

現實中，這確實有幾分道理。因為他人是自己控制不到的存有，從騎手的角度來看，他人即風險。盡量不依賴他人，才能徹底駕馭人生。

然而，此處卻存在著一處陷阱。那就是當心靈中只剩騎手時，我們就會變得孤獨。

所以，我們最好還是稍微傾聽一下馬兒的聲音。

現在，你是否順利地為心靈畫出輔助線了？
別擔心，你一定會慢慢習慣的。慢慢前進就好。

你發現了嗎？
我從剛才就看到，你的船頭似乎有白色的物體在空中飛舞。
你看，就在那裡。請用手電筒照照看。
是蝴蝶。白色的蝴蝶在翩然飛舞。
既然是蝴蝶，那牠一定正朝某一塊陸地飛去。
我們不妨跟著牠前進。畢竟我們也沒有其他線索可循。
你手邊應該已經有兩條輔助線了——「處方箋與輔助線」和「馬匹與騎手」。請用它們代替船槳，試著划動這艘小船。
哦，不錯嘛。對，就是這樣。
跟著「抓水、划！抓水、划！」的節奏划槳。
向前航行吧。
此刻，白色蝴蝶就是你要去的「前方」。

Part
3

人生不止一種

去做事與去愛

我們所生存的世界，是一個「去愛」十分容易被奪走的世界。若不拚死拚活生存下來，就不知道我們的「在」何時會被奪走。

呼～累斃了。

剛才真是快把騎手操死了。划著小船追趕白蝴蝶，追了好久。現在都癱軟無力了。

途中我們被海潮帶走，差點跟丟蝴蝶的時候，快把我急死了。幸好有你的騎手幫我們追蹤蝴蝶的去向，若只有我一個人的話，一定會在這黑夜的大海中迷失方向。

這下子都搞不清楚誰是誰的輔助船了。

不過，這麼累也值得了。

你看，前方可以看見一座島嶼的黑影。我們快到陸地了。

幹得好。到島上去，一定可以找到新的線索。

總之，先划向那座島嶼吧。

所幸，現在是順風行駛。只要注意前進方向有沒有偏離就好，手也可以稍事休息。

我們不妨留下最低限度的騎手，好整以暇地過著馬匹的時間吧。

✚ 不知如何休息

好整以暇地過著馬匹的時間？

你是不是在想：這根本是強人所難？

工作、休息，這是人活在世上理所當然的節奏，但要維持這個節奏卻意外困難，是吧？

比方說，擁有大把空閒時間時，明明可以睡個午覺，但腦中卻會傳來「那是在浪費時間」「那是在偷懶」之類的聲音，於是忍不住做起現在還不必做的工作或家事。

愈是工作過度、需要休息的人，愈容易如此。變得不知該如何休息。

或許休息是需要先變身的。

換言之，工作的時候和休息的時候，必須是兩個不一樣的自己。

我說得沒錯吧？在公司裡開定期會議時，馬匹或許是麻煩製造者，但和推心置腹的朋友聊起往事時，馬匹才是主角。我們需要根據場合，適度調整馬匹和騎手之間的平衡。

沒有確實變身，休息時間就會得不到休息。

馬匹與騎手該維持什麼樣的平衡呢？事實上，要具體思考這個問題，我們就必須考慮到，什麼樣的平衡在人生的哪種場合中，才是絕佳的平衡。

因為你不只擁有一種人生。人生中分成各種場合，每個場合中存在的都是不同的你。人生不止一種。

分割心靈的輔助線，需要用分割人生的輔助線來作為輔助。

又該請出新的輔助線了。

不過，在我們抵達島嶼前，還有一段空閒的時間。難得如此，就讓我跟你聊聊這方面的事吧。

畢竟，想要好整以暇地休息，最好的方法就是無拘無束地聊天。

先從一名女性的故事說起。她就是名副其實的無法休息的人。

讓我想想，就暫時幫她取名為「美希」好了。那時候，美希只有三十五歲上下。

美希第一次前來諮商，是在一個下著滂沱大雨的日子。那是個悶溼不堪的夏日午後，雨打從一早就淅瀝嘩啦下個不停。辦公廳的門鈴響起。

PDCA的人

打開玄關的門時，美希正在甩去透明雨傘的雨水。灰色高雅的西裝長褲套裝上，有好幾處水漬，頭髮也被雨淋溼了。

我問她需不需要毛巾，她說著「不要緊的」，並從包包裡拿出了自己的手帕。

美希的工作是在外資管理顧問企業擔任管理階層，她想解決的是她失眠的毛病。

「我沒辦法好好入睡。」

這麼說完，她便開始客觀且恰如其分地說明了自己的狀況。最後還加上一句：

「懇請貴諮商所予以協助。」

她的說話方式有點奇特。太過客氣了。那彷彿是在和商業往來對象商談時的遣辭用句，我感到和諮商很不搭嘎。這讓我不太自在。

不過，聽她說著說著，我才漸漸了解那種奇特感是打哪兒來的。她的心靈已經被商業填滿了。

首先，她的生活中盡是PDCA循環。換言之，就是訂定計畫（Plan）、加以執行（Do）、查核其結果（Check）、並做出改善行動（Action）的商業管理思路。

工作上，她當然是精準地執行著PDCA。她是個優秀的商業人士，持續做出了許多漂亮的成績。但不僅止於此。工作以外，她的PDCA也不斷運作著。

早餐吃什麼？休息時間做什麼？工作結束後和誰見面？連在這些事上，她都追求效率性與生產力。做什麼？不做什麼？如果做的話，該怎麼做？一切都以對工作的幫助有多大，作為評分的標準，並以提升品質為目標。

美希還有另一項特色，那就是她認為所有人際關係都是一種有給有拿（give and take）的交易。

提供對方想要的，滿足對方需求，然後對方才會對自己有好感，並回饋好處。這是她的信念。所以，職場同事與貿易夥伴自然不在話下，包括對家人、對朋友，對於一切人際關係，她都是客客氣氣、面面俱到，絕對不會讓對方感到受傷。彷彿五星級飯店的經理，絕不讓任何人產生不悅。

我跟她說話也感到心情愉悅。我猜想，平時在工作上她一定也是如此客氣又周到，而獲得了高度的評價。

她把所有時間都投資在提高工作成果上，所有人際關係都如同在跟商業夥伴來往。所謂的人生被商務填滿，就是這麼回事。

她如同一名CEO，經營著一家名為「自己」的企業。實際上，她的目標也是自行創業、經營自己的公司，所以我的這種感覺應該不是空穴來風。

而她確實也成功了。美希十分優秀，更重要的是她做到滴水不漏的程度。她累積工作成果，建立廣闊的人脈，獲得十二分的信賴。最後終於在她打算開始創業的這個時間點，前來諮商。她認為，只要解決失眠問題，自己的表現一定會變得更加出色。

美希的失眠毛病簡直固若金湯。症狀最早始於國中，進入社會後更是變成慢性的失眠狀態。

當然，一直以來她做過了所有嘗試。寢具是最高級品，關於芳香療法、花草茶等助眠產品的知識，她已達專業等級。為了追求良好的睡眠，她用Excel整理出當她做了什麼後能睡多甜，做了什麼事後又會睡不著，而且搬家了好幾次。在睡眠上，她也是用ＰＤＣＡ的方式處理。

即使如此，依然睡不著。

在睡不著的時間裡，她會感到極度焦慮。生活中的一切她都控制得服服貼貼，唯獨睡眠不受控制。於是，她便會感到自己是徹底無力的，而不禁覺得許多不好的事都將接踵而至。夜晚給她的是孤立無援、危機四伏的感覺，這段時間對她而言，是驚悚的。說不定今晚又會睡不著。每當她這麼想，焦慮就會襲上心頭，她害怕人生是否會就此毀滅。

她真正的問題可以說不在失眠，而是在於焦慮。

強烈的焦慮在她內心深處蠢動。我們有必要解決這個問題，我心想。

雖說如此，她想要的卻是助眠的方法。她似乎認為只要解決失眠，一切問題都會迎刃而解，而不願去深究自己內心的焦慮。

這樣的話，到醫院領安眠藥不是最快的方法嗎？我向她這麼提議後，她嚴正拒絕了安眠藥的使用。

「我覺得我只要吃了一次，以後都要依賴安眠藥了。我想靠自己的力量入睡。我覺得只要改善了睡眠，我的生產力一定還能提高。所以我需要貴諮商所的鼎力相助。」

語畢，她深深一鞠躬。那是完美符合商業禮儀的高雅一鞠躬。窗外還在下著雨。

✚單一的人生

或許你會覺得她是個很極端的人。能做到如此滴水不漏的人，確實不多。但要說她是一個極為特別的人，又不是這麼回事。

我自己也有這樣的部分，說不定你或多或少也有活得像美希的時候。

美希是挺騎手的人。她想要徹底掌控日常中的一切，除了睡眠她都成功了。而且她還日日夜夜不厭其煩地致力於改善，好讓她能掌控得更加精密。

一眼就能看出她已是騎手過剩，但用一個簡單的處方箋，告訴她「最好放緩騎手的控制，讓馬匹自由奔跑」，也不一定能解決問題。

之所這麼說，是因為美希在外資管理顧問企業擔任管理階層，對她而言，過剩的騎手控制是帶領她走向成功的關鍵之一。去控制。這正是她工作的關鍵核心。

美希的問題更可以說是，她把所有時間都當成工作模式來經營。

她的人生被染上了商務風的色彩，只要是商業以外的事物，都無法進入她的人生。她的人生變得極度單一。

這裡是畫輔助線的地方了。當人生只剩一種時，就會變得僵硬過頭，而且脆弱。所以，讓我們在美希如磐石般凝結成硬塊的人生中（還有你的人生中），畫上一條輔助線看看。

來喲來喲，走過路過千萬別錯過！
我們的人生到底是由什麼和什麼組成？
暢快揮灑、一筆到底，畫出一條輔助線。
一陣煙霧團團升起，剎那間煙霧之中出現了「去做事」與「去愛」。
他們到底是誰？

✚ 「去做事」與「去愛」

若將我們的人生切成剛好兩半，就會出現「去做事」和「去愛」。

其實這是深層心理學家佛洛伊德說的。

曾有人問佛洛伊德：「一個成熟大人需要會做哪些事？」他回答：「去做事和去愛。」距離他說出這段話已有近百年之久了。

說「去做事」也就算了，說「去愛」的話，會給人一種既浪漫又愛說教的感覺，令人不禁有些肉麻。

說不定用現代常說的「公務與私事」「工作與生活」，或許還好些。因為聽起來俐落多了。

但此處刻意選擇說「去愛」，其實正是來自於佛洛伊德深厚的洞察力。

✚「做」與「在」

說「去做事」的話，範圍就很廣了。重點在於它包含了「勞動」以外的含意。志工淨灘活動也是「去做事」，幫忙父母去超市跑腿的孩子，也稱得上是「有做事」。

這就是「去做事」的遺辭用句，比「公務」或「工作」更有深度的原因。因為做事跟能否產生金錢毫無關係。

我們的日常充斥著各式各樣的任務。為了談生意而進行的文書製作、晚餐的準備、地方俳句社團的徵文收集、大樓的管理委員會。有些有領錢，有些沒領錢。即使如此，還是有數不勝數的任務，若沒人做就會使整體停擺。將這些任務一項一項擺平，就是我們的人生。

存在某個目的、為達成該目的而去「做」，這就是「去做事」。

相對地，「去愛」的目的則是「去愛」本身。

比方說，與男女朋友見面時，我們的目的是見面本身。如果兩人是為了收購企業而見面，那就是商業夥伴，而非人生伴侶了，所以應該歸類到「去做事」的框架裡。明明沒特別的事，卻約了見面；明明沒有必要性，卻互傳訊息，這就是男女朋友間的行為。

和朋友、家人的關係，以及從事興趣的時間，也是如此。與其說是為了達成目的，不如說它本身就是目的。很少有家庭組成一支隊伍打棒球，是為了讓孩子成為職棒選手；會去踢足球也只是因為踢足球有趣；會聽韓國流行樂也只是因為韓國流行樂好聽。

與往生者的關係應該是「去愛」的極致表現了。當我們緬懷已過世的親愛的人時，我們不會帶著「請求往生者幫我們實現願望」或「消災解厄」的目的。只是想著那個人，讓心靈得到撫慰，這樣就夠了。思念往生者所能得到的報償，就是思念往生者本身。

「去愛」的本質不是去「做」某件事，而是與某事、某物、某人同「在」。

「去做事」和「去愛」是兩種不同的人生模式，此二者相互交織出了我們的人生。

✚別混在一起，會有危險的

畫出輔助線後就能知道，美希的人生全被「去做事」淹沒，而失去了「去愛」的部分。

PDCA純粹就是用來優化「做」的技巧。在提升工作效率上，它確實很好用；但若是讓它侵入了人際關係、興趣等以「在」為原則的時間，就會產生破壞效果。她的失眠就是破壞的象徵。睡眠是「做」的放棄。但她為了「做」出睡眠，而嘗試了各種努力，反而離睡眠愈來愈遠。

沒錯，「去做事」和「去愛」，別混在一起了，會有危險的。

把這兩種人生混在一起的話，就容易發生不好的事。

董事長回到家裡也擺出一副經營者的態度，家人就會受傷。如果面對孩子時，導入了每個季度的達成目標，並透過面談以提升內在動機的話，孩子雖然能在家中得到一名主管，卻失去了父親。

用「去做事」的方法「去愛」的話，就會糟蹋了「去愛」這件事。

反之亦然。

以「公司就是大家庭」為賣點的職場，強迫員工從事超出勞動契約的工作。這種案例屢見不鮮。如果用對待家人的方式對待員工，那就成了職場騷擾。

用「去愛」的方法「去做事」的話，就會有慘事發生。

即使如此，這兩種方法還是一不小心就會混淆在一起。這就是麻煩的地方。

尤其在現代，我們一不留神就會用「去做事」的方法「去愛」。於是「去愛」遭到「去做事」吞噬。

好，讓我們回到美希的故事。

究竟是有什麼隱情，讓她把整個人生都染成了「去做事」的顏色？

她的「去愛」跑到哪兒去了？

無處可逃的家

第一次諮商結束後，我接著進行了五次的評估面談。評估面談是在諮商正式開始前，先讓我詳細了解美希是個什麼樣的人。具體而言，就是詳細聽取她的生命史，問出她從小到大的人生經歷。要深入知道一個人，詢問對方的歷史是最好的方法。

令我印象深刻的是，當我說「請告訴我，妳是在什麼樣的家庭中長大」的時候，美希的回答是「我覺得很一般」。

「跟一般家庭一樣父母都健在，他們跟一般家庭一樣把我撫養長大。」

她這麼說。

父親是銀行行員，母親是家庭主婦，還有一個哥哥。這確實是很常見的家庭成員組合，而她自己從來不愁吃穿，家裡也都為她繳足了學費，可能是因為這樣，她才認為自己的家庭很「一般」。

然而，聽她說出具體情況後，才發現她在家中吃了不少苦。

父親堅定信奉學歷主義。他自己雖然是名流大學出身，但在他的職場中有大把大把的人是來自更有名的大學，他似乎因此總是感到低人一等。他也許有他自己的創傷，但他因此把取得高學歷，當成對孩子們的最高指令，這就成了一場不幸。因為父親的創傷，如今被強加在孩子的身上。

不喜歡念書的哥哥，無法滿足父親的期待。哥哥向來成績不佳，他也逐漸失去了念書的動力。於是釀出了悲慘的結果。「你根本不值得我為你繳學費」「你這個人真可恥」，父親有事沒事就奚落哥哥。父子的關係也日漸緊張。

母親無法保護這樣的哥哥。家中一再上演的口角衝突，逼得母親無路可退，為此疲憊不堪。母親總是抱怨身體不適，常常都在床上躺著休息。尤其每當父親開始斥責、哥哥需要幫助時，她都照例會說「我頭好痛」，然後把自己關在房間裡。結果，哥哥高中一畢業就離家出走，自此之後與老家音訊全無。當時美希還在念國中二年級。

美希本身自幼成績優異。可能是因為她原本就很聰慧，但天天看著哥哥和父親爭吵，似乎也是造就她成績優異的一大主因。得到好成績，進入好大學，不然的話，家中沒有我的立足之地。她被這種不安感鞭策著。

哥哥離家出走前後，她的成績一落千丈。她雖然知道自己必須加油，但無論上課還是念書，她都無法專注。她腹瀉不止，還產生了自拔頭髮的症狀。她第一次失眠也是發生在這段時期。

她覺得這個家裡只有哥哥是站在她這邊的，只有哥哥是她信賴的人。因為哥哥總是為她擋在前面，不讓她成為箭靶。我想，失去這樣的哥哥，應該對她內心造成了很深的創傷。但她沒有意識到自己的那些創傷。明明是處在嚴酷又艱困的環境中，她卻深信那只是「一般」家庭。所以，對於身上的各種症狀與成績下滑，她也內疚地認為都是自己的問題。

悲劇會反覆上演。那天晚上，父親知道了美希的成績，就開始怒罵她「妳這個人真可恥」。父親已喝醉酒，滿臉通紅。美希不知道該怎麼辦。她既沒有偷懶，也已經很自責了。無以名狀的感受湧上心頭，她只能哽哽咽咽。

那是晚餐後的時間，原本正在收拾餐桌的母親，突然呻吟起來。

「我的頭好痛。」

美希被單獨留在餐桌前面對父親，父親的怒罵聲持續了一整晚。

就是從那次開始，她變了。原本還殘存在她身上的少許孩子氣消失了，出現的是一個全新的她。當時還不熟稔的ＰＤＣＡ循環，就是從此時開始不停運轉的。

她開始設定出完美的計畫，完美地加以執行。她掌握自己此刻剩下多少任務，管理行程，讓任務能確實達成。

倘若進行得不順利，她就會陷入極度焦慮。因為她會想起那天餐桌前無處可逃的情景。因此，為了消除不安，她必須持續不斷地拚命努力。

身體的不適一直持續，失眠狀況也沒有改善。但她達成了目標，考上了名列前茅的高中，進入了大學的最高學府。父母歡欣不已。如今她是令父母自豪的女兒。

那時候，美希才終於感到自己可以卸下重擔了。

然而，銘刻在心中的故事，換了舞台後，也會重複搬演。她的焦慮自此沒有停止過。

她得到了父親認同的學歷，抵達了應許之地。即使如此，PDCA卻不曾終止。美希總是需要一個目標，總是得將「做」最大化，否則就會被焦慮吞沒。

「一旦失敗，就會毀滅。」

她內心深處傳來的聲音，彷彿在威逼著她。

進入大學，她也一直是一名非常優秀的學生。取得好成績，得到教授青睞，在實習中大展身手，進入知名企業任職。

工作後，她的PDCA循環又不斷提升，不斷優化。於是，不知不覺中她的人生已經完全被染成了「去做事」的顏色。

「去愛」的真相

「暴風雨中乘著一艘小船倖存下來的人。」

聽美希將她的人生述說了一遍後，我不禁這麼想。

她是被奪去歸屬之處的人。若不持續取得好成績，展現好成果，父親就會破口大罵，母親就會轉身離去。實際上，他們也是這樣奪去了哥哥的「在」，將他物理性地流放了。

她生長在一個危險的環境中。父親的「妳這個人真可恥」如同狂風暴雨，向她襲來。

母親的「我的頭好痛」不能守護她一分一毫。她必須一個人獨自航行。

所以，她將「做」執行到滴水不漏，她將人生獻給了「去做事」。

「休息」和「睡眠」看似可以自己獨力進行，但這種事卻是沒有他人以某種形式存在，就不可能達成的。

「在」的前提就是，它是一種「同在」，無法由自己一個人達成。

請你回想一下。嬰兒時期，我們一個人無法獨自入睡。我們需要能讓我們感到安心的某個人在身旁。隨著年齡增長，我們逐漸可以一個人獨自入睡，那是因為在這段時間裡，某個人的存在已內化至我們心中。

他人是安全的。當這種感覺常駐心中時，我們就能安心睡去。反過來說，焦慮不安時之所以睡不著，就是因為自己心中的他人是危險的。

「在」是與某個人同「在」這裡。

而且那個人不能是危險的。

現在的美希身處的狀態，並非危機四伏。客觀來看，她在一家大公司得到了穩定的職位，與許多人建立了連結，並贏得他們的信賴。她也曾經有過另一半。如今，無論對父親或對母親而言，美希都是他們自豪的女兒。

她得到了許多人的愛，這一點她自己也明白。然而，那些人卻無法帶給美希「在」。這是因為在美希的感覺中，只有當自己持續提供服務，那些人際關係才有辦法持續下去。如果無法滿足對方的需求，那個悲痛的夜晚一定會重演，他們一定會像父母般，翻臉如翻書地背棄她。在她心中，他人都是潛在的敵人。

當她「做」得成功的時候，他人就不會來攻擊她。但只要一次「做」得失敗，他人就會輕易地將「在」奪去。這是她心中所呈現的風景。

在本質上，她是孤立的。孤立並不是說她是孤身一人，而是指在她內心中，她被敵人團團包圍。

佛洛伊德之所以不是說「被愛」而是說「去愛」，背後有著這層深意。

美希雖然擁有「被愛」，卻沒有「去愛」的能力。

能感覺到他人「不是敵人」，能相信他人是安全的。無論那個他人存在於現實，還是存在於心中，都會是一種同「在」。

這正是「去愛」的真相。

雞與蛋

「去愛」是由「去做事」所支撐起來的。

這不是要說「沒錢就沒女友」之類以經濟原理為基礎的論調，也不是要高談「若有人不肯做工，就不可吃飯」之類大男人思維的闊論。

比方說，一名青年長期繭居家中，無法和任何人，甚至是家人待在一起，但在開始打工的契機下，逐漸讓他一點一點放下對他人的不信任感。又或者，一個待在精神科的日間護理中心的人，原本極度害怕他人，但在有能力參與打掃、烹調等工作後，那裡就變成他待得下去的地方了。這類案例十分常見。「去做事」會帶給我們自己幫助了他人的感覺。這種感覺有助於感受到他人不是敵人。

相反地，「去做事」也是因為有了「去愛」才能成立。

前面提到的繭居青年，他之所以能夠去打工，就是因為在那之前，他對家人、支援者產生了微小但也確實存在的安心感。又或者，要讓成員有能力參加日間護理中心的工作，在那之前必須先讓他對工作人員和其他使用者稍微有所熟悉。

這是意外容易被忽略的部分。

「撐住」「加油」大家經常掛在嘴邊，因為我們往往以為「做」是自己的意志所能掌控的事。但我認為，意志若沒有得到「在」的保障，就難以發揮力量。

不是如此嗎？要在職場或學校裡「撐住」，若不先習慣那個場所，就不可能辦到。

「去做事」和「去愛」的關係，就像是雞生蛋、蛋生雞的關係。

有了「去做事」才能成就「去愛」，有了「去愛」才能成就「去做事」。

所以，兩者必須相互存在、相互作用。

別混在一起了，會有危險的。比方說，若是抱著「工作即生活」的態度，將兩者混雜在一起，讓自己只剩下一種人生，那雞與蛋就無法生生不息地循環了。

✚ 蛋的根源性

說到這裡，我們還差一步才能理解美希的生存之難。

既然重要的是雞與蛋，那當然是蛋在先。因為按照一般邏輯思考，當然是先有蛋，才能孵化出雞。

同樣地，「去做事」和「去愛」，我想應該也是以「去愛」為根源。

實際上，光有「去愛」沒有「去做事」的狀態，我們輕易就能想像出來。

比方說，小嬰兒正是如此，上了年紀後也會愈來愈接近這個狀態。又或者，生病、受傷的時期，我們會喪失「去做事」的機會。這是任何人的人生中都有可能發生的事。

即使如此，我們也不會喪失我們的人生。這就說明了「去愛」是比「去做事」更加根源性的。

反之，沒有「去愛」支撐的「去做事」，會讓我們無時無刻不暴露在被敵人包圍的風險下。因為我們會一直處在「一旦失敗，就會毀滅」的焦慮中。

就像一艘暴風雨中的小船，不知何時會因小船翻覆而葬身海底。因為處在這種緊張感裡，所以我們不得不讓騎手火力全開地運作。

只不過，現實的問題比這個譬喻更加嚴重。因為若是暴風雨，那只是氣象現象，總有雨過天青的時候，但「去做事」的暴風雨，卻是當你愈生存下來，它對你造成的威脅就愈增強。

這正是美希所面臨的悲劇。

對她而言，他人是危險的。所以她一直讓騎手的精妙操控，做到滴水不漏的地步。她是藉此來迴避「他人變成敵人」的風險。然而，當她愈是疏離心中的他人，心中的他人就會顯得愈危險。

這就跟假期剛結束時，我們會不想回去上班上課的情況很類似。沒有見面的時間愈長，自己害怕的人就會變得愈可怕。

若有接觸的機會，就會知道對方不可怕的部分，當我們愈是逃避時，對方可怕的部分就會在你心中不斷放大。

喪失「去愛」的「去做事」，會不斷增強我們對他人的恐懼。存在美希內心的恐懼，已如吹氣球般脹大到不能再大了。

我想，她是走到了這一步，才來諮商尋求協助的。表面上是說「想要睡得好，提高生產力」，實際上卻是對他人的恐懼，膨脹到無以復加，自己已束手無策。

此處才是在我和美希的諮商中，需要解決的問題所在。

✚「去做事」的孤舟化

「去愛」被「去做事」吞噬。

美希內心發生的事，並非與我們無關。

我們所生存的世界，正如同美希的家庭一樣，是一個「去愛」十分容易被奪走的世界。若不拚死拚活生存下來，就不知道我們的「在」何時會被奪走。

因為「去做事」已經被孤舟化了。

這二十年來，日本社會的工作方式大大改變。

過去，「去做事」多半是在一個大船上進行。人群形成公司，形成組織，形成業界，換言之，我們被含納在一個共同體中工作。

在那裡，可能會有諸多不自由，可能會遇到蠻不講理的事。然而，正如「終身雇用」一詞象徵的含意，大船確實也在守護著個體的人生。人們交出了自由後，換來的是安心，也就是得到了「在」。

或許因為當時，日本社會還很富裕。所以大船們有多餘的能力保護乘坐在船上的人。但由於資本主義全球化，造成經濟形態、社會形態的改變。整個日本社會都落入暴風雨中，變得貧窮，變得不穩定。結果，原本守護著我們的大船，如泥漿般溶化。

他們無法再守護住許許多多在職場工作的人。實際上，也真的有許多人變成非正式雇用，即使獲得正式雇用，勞動條件也比以往嚴峻。如今，我們不再有信心能將自己的人生託付給單一的職場。

「在」從「去做事」中消失了，這就是這二十年的日本社會。我們的「去做事」正在孤舟化，每個人不得不各自以個人為單位，設計、實踐自己的「去做事」。

或許正因如此，這幾年創業、副業、跳槽，蔚為風潮。離開大船，乘坐上只有自己的小船求生，就是創業；乘坐大船的同時也駕駛小船的，是副業；在大船和大船之間駕著小船接駁的，則是跳槽。

我們如何靠小船生存下來？這成了眾人所關心的問題。

於是，「去愛」一不小心就會被孤舟化的「去做事」所吞沒。因為當我們需要為生存拚死拚活時，那我們的時間就得全用在「去做事」上。

興趣變成自我投資的時間；與人歡聚用餐的時光，變成為工作拓展人脈的時間；學校變成提升自我商品價值的場所；結婚變得有如商業交易。過去與商業無關的範疇，如今我們都開始用商業用語來形容。

當我們乘坐大船時，曾經存在的「去做事」的開關，如今消失無蹤，我們變成在每個私領域中，都得思考是否對工作有幫助。

豈止如此。還有一件事不能忽略，那就是「去做事」本身的意義也改變了。「去做事」本來是包含無法賺錢的「做」，如今只要和金錢無關，就會被視為沒有價值。

「做那個能養活自己嗎？」

不僅他人會這麼吐槽，我們自己也會。「去做事」的含意已變得如此貧瘠。

「去愛」容易被吞沒，「去做事」往往變得一切只談金錢。

如今我們生活在一個人生容易變得單一的社會中。

＋夜海航行的核心關鍵

如何？你是否感到視野清晰了起來？

為人生畫上輔助線，將「去做事」和「去愛」切分開來。

「去做事」是帶有某種目的的「做」，「去愛」是與自己感到「不是敵人」的他人同「在」。

兩者該取得什麼樣的平衡，是依個別狀況決定。它會依你現在身處在什麼樣的狀況而改變。

重要的是，此二者是如同雞生蛋、蛋生雞的關係。讓彼此同時存在，確實地相互作用，是十分重要的。

然而，在這個「去做事」被孤舟化的嚴峻社會中，我們也容易喪失「去愛」。

那麼，在這孤舟時代，如何才能治癒「去愛」呢？這將是我們的下一個課題。

在處處潛藏危機的汪洋中，如何確保我們的「在」？

我們該怎麼做，才能與同時兼具危險與不危險之處的他人共處？換言之，一個人如何才能與人連結、與人建立更深的關係？

這才是我與美希的治療中要處理的問題，這才是這場夜海航行的核心提問。

唉呀，不知不覺島嶼已近在眼前。

聊起天來，時間一眨眼就過去了。休息的時間總是時光飛逝。

不過，這座島嶼比我想像中的還要小呢。但至少島上有沙灘，有茂盛的植物。

我們就停靠在那片沙灘上吧。要小心，別讓海浪把船帶走了。

身體應該休息夠了。現在就去島上探險探險吧。

說不定島上躲著凶猛的野獸，也說不定島上藏著由島民所守護的寶藏。又或者，說不定有個身懷航海圖的大賢者，正在島上等著我們造訪。

來，我們上岸吧。

圍著火堆，穿插一段「中間記」——我為何成為心理師——

哇，你找到那麼多乾樹枝啊，真了不起。

有這麼多乾樹枝，就不怕不夠用了。趕快來生火吧。生火取暖兼燒水。

話説回來，還真是大失所望。

我們找遍了每個角落，沒有凶猛的野獸，沒有守護寶藏的島民，也沒有等待我們的大賢者，什麼都沒有。

這是一座小小的無人島。島上找不到任何線索。真可惜，但也無可奈何。這種事在所難免。打起精神，轉換一下心情吧。

你看，真快，水好像燒開了。要不要來吃個咖哩調理包？在戶外吃，非常美味唷。先把肚子填飽吧。

呼～吃得好飽。那是不是該拿出威士忌來品嚐了？我早料到會遇到這種情況，所以囤了一些在船上。

哦，看不出來，你還挺能喝的嘛。什麼？再來一杯？請請請，別客氣。

這樣的時光也挺不錯的。有美麗的星星，有美麗的篝火。在發睏想睡前，我們不妨就天南地北地聊聊吧。

—我為何成為心理師？—

什麼？你有個問題想問我？是什麼問題？怎麼忽然這麼正經八百的？我會被你嚇到啦。

哦～你問我為什麼成為心理師？

這個問題常常有人問我。大學教課時學生會問，有時個案也會問。接受採訪的時候，這更是每訪必問的話題。

或許每個人遇到心理師，都會想問這個問題

吧。真神奇。說不定是因為「心理師」這種職業，給人某種很可疑的感覺。

畢竟，處理沒有實體的心靈、闖進別人的隱私世界，就是我們的工作。再說，這又絕對稱不上是高薪工作。即使如此，我們還是選擇了這樣的工作，這樣總會讓人覺得背後一定有什麼原因。

我覺得，這個問題之中，似乎就包含著這種大大的好奇心及一絲絲的不信任感。

—求知型與想助人型—

其實我自己也是如此，過去我曾經到處詢問同業，他們選擇心理師這個職業的理由，而我得到的答案大致可分為兩類。

一類是「因為想了解心靈」，另一類是「因為想幫助他人做心靈上的照護」。

求知型的心理師，多半關心自己的心靈，更勝於他人的心靈。

青春期和青年時期的人，常常會在人際關係上嘗到苦頭、產生疏離感，進而懷疑「自己為何如此」，又或者感覺到自己不懂自己。心理學對這時候的我們就會顯得十分具有魅力。

另一方面，想助人型的心理師又可再分成兩類。

一類是自己有過受人幫助、得到心靈照護經驗的心理師。在痛苦的時期，曾接受過別人幫助，現在自己也想幫助別人，因而成為心理師。

另一類則是周遭有人需要心靈上的照護。可能是家人，也可能是朋友，身邊有人出現心靈方面的問題，自己想幫助對方，但又一直幫不上忙。因此想好好學習心理學。

當然，也有數不盡的例外，而且應該有很多例子是這些類型的混合。只不過，無論屬於哪種類型，不少人或有自覺，或無自覺地，都是因為自己的某種創傷，而選擇了這份工作。

不對，這種狀況或許也同樣發生在其他職業上。

不管是當醫生、當老師，或當電影導演，仔細想想，在職業選擇的背後，都存在著自己療癒自己的內在動機。

這絕非壞事。人生就是一場故事。某種創傷驅動著我們的人生，帶著我們奔向某個前方。大概就是這麼回事吧。

——以上就是平常有人問我這個問題時，我會給他們的答案，但對方聽了通常會一副不太滿意的樣子。可能沒有回答到他們的問題吧。

「那你自己又是哪一種？」

我彷彿聽到你在說：我想聽的不是泛論。

只是，這個問題無法一語帶過，很難解釋清楚，所以一直以來，我每次都會挑一個當下最合理的故事來說。

其中包括：因為我曾是棒球社的候補球員、因為我想成為人類學家但又害怕在非洲生活、因為高中時期是我的「心靈時期」。我總是會說一個當下所想到的原因。

這不是在說謊，全部都是真的。然而，每個故事都沒能完整闡述出真相的全貌。這是很複雜的。複雜的故事相互糾纏，事情的演變有好幾條支線，不知不覺中自己就成為心理師了。我想這就是實情。

所以，結果我還是無法針對你的問題給出一個回答，但當我盯著篝火時，不禁想起一樁往事。

那是給了我契機，讓我決心成為心理師的一段插曲。

這個故事或許會讓合理故事又添一樁，但我還是想說出來。因為我覺得，這或許會對我們的夜海航行有幫助。

一大洪水要來了一

一九九九年，我十六歲。與世上眾多的十六歲一樣，當時我也是個狀態不佳的高二生。雖然我知道有什麼不太對勁，但我不知道究竟是什麼不對勁。明明當時的狀況並不適合思考未來的事，我還是不得不為了我的將來而開始準備大學考試。

那是一個十分抑鬱的時期。

我記得那天是個晴空萬里的九月天，清風宜人，我在上下午的課。就在剛吃完便當、睡眼矇矓的下午第一堂課，我與心理學邂逅。

那是一堂倫理課。我念的是天主教學校，所以負責教倫理課的，是一名年輕的弟兄，也就是一名尚未成為神父的修士。

那位弟兄身穿包裹嚴實的黑袍，戴著看起來又粗又硬的黑框眼鏡，平常談的內容都是關於柏拉圖、亞里斯多德、笛卡兒、康德等人。他好像是大學時期主修哲學。

遺憾的是，當時我對哲學幾乎毫無興趣。現在回想起來覺得很是可惜，但畢竟過去的哲學家們看起來都枯燥乏味，再說我當時會上倫理課，也只是為了在大學聯合入學考試中，選擇「倫理」作為應試科目。班上的同學也一樣，倫理課被當成了午睡的時間。

然而，那天和以往不同。那是一堂具有高度危險性講課。

那一天，弟兄談起了「無意識」。我們的心靈深處，有一個被稱為「無意識」的領域，而那個領域在驅動著我們。

他說道。

「自己的內在有一個自己不認識的自己。」

「是不是很驚人？」

弟兄介紹了佛洛伊德、榮格等心理學家，並告訴我們，研究心靈深處的心理學，就叫做「深層心理學」。

無論是從教科書上來看，從應付大學考試來看，還是從文部科學省（譯註：相當於台灣的教育部）的指導綱領來看，教到這裡就已經足夠了。關於心理學，高中生需要了解的知識，他都已經說完了。然而，弟兄並沒有結束這個話題。

他有如高喊著「大洪水要來了，上帝也會一同降臨」的預言者。

「你們的內在有一個你們不認識的自己。」

「心靈中存在一個深層的部分。」

「你們不認識自己。」

他情緒激動地繼續高談闊論著。

—你們不認識自己—

那情景十分詭異。

一個安詳而舒適的秋日午後，一堂不應景的駭人講課。雖然班上的同學都一如往常地打瞌睡，但我的視線卻無法從弟兄身上抽離。

是什麼驅使他這麼做？我毫無頭緒。但我很確定，他是搏命般地說著這些話。年輕的弟兄正拚了命地訴說一件極為私人的事。

直到我高中畢業不久後，才知道他當時那麼做的背後理由。

弟兄放棄成為一名神父，選擇了和心愛的女性共組家庭。他選擇將人生奉獻給他愛的人，而非上帝。

你們不認識自己。

弟兄對我們這麼說著。但那句話其實應該是他想對他自己說的話吧。

自己明明決定要為愛上帝而活。但內在深處還有另一個自己，想要去愛上帝以外的某個誰。我究竟是誰？我真的有「去愛」的能力嗎？我想，他是真切地感受到了「無意識」的存在，認真地想要揭穿「無意識」的面紗。

當然，還在讀高中二年級的我，不會知道年輕弟兄內心真實存在的糾葛是什麼。也完全沒有想到，他正打算將自己的人生徹底重新開始。

然而，我當時被他的話語一箭穿心。我被弟兄所傳達出的某種駭人的東西所感染。

……

你們不認識自己。

這也太有趣了吧！

雖然「此時、此處」只有一個沒出息的自己，和坐困愁城的高中生活，但在心靈深處一定有一個遼闊而豐盛的世界。我想要更了解心靈。

當時我眼中看到的無意識，是閃閃發光的。

那確實是一堂危險的講課。年輕的弟兄正為了心愛的人，謀劃著將自己的人生翻轉一百八十度，而我是站在我的角度，想找出這輩子將要賴以為生的工作。

這是超過二十年前的往事了。

結果，我就朝著這堂課所指出的方向，踏上了我的人生道路，所以說，高中以下的學校講課，還真是不容小覷。所謂的青春期，就是會在某個意外的時間點，發生某件決定人生的事。

未來性的弟兄

我之所以會聊起這樁私人往事，是因為如今回想起來，我覺得那位弟兄極具未來性。他彷彿一名預言者，率先闖入了這個時代的夜海航行。

我是在倫理課上，第一次與心靈的輔助線邂逅。「意識與無意識」的輔助線。換句話說，我們的內在有一個我們十分熟悉的自己，和一個我們不認識的自己。這樣的一條輔助線，將我們的心靈一筆到底切分開來。

此時必須注意的是，當時的我與那位弟兄，在看待這條輔助線的態度上，有著巨大的分歧。當時，我的看法是一九九〇年代感的，而那位弟兄卻是二〇二〇年代感的。

同樣是「無意識」一詞，我們在心中描繪出的意象，卻截然不同。

在我眼中看到的無意識，是閃閃發光的。

「你們不認識自己。」

我當時認為，這句話是說，存在於自己內在、尚未被看見的可能性。我以為，只要不斷向下挖掘自己，就會發現底下埋藏著一個類似於「真正的自己」。

現在回想起來，我當時的想法太天真了。然而，一九九〇年代，就是一個那樣的時期。我自己也處在一個試圖決定未來自己要成為什麼樣的人的萌芽期，而日本社會整體也正在風靡「自我探索」，整個氛圍都在告訴我們，心靈深處存在著一種富足。

當時，深層心理學家河合隼雄經常談論著：「雖然物質變富足了，但我們的心靈呢？」日本社會雖然是富足的，但心靈怎麼卻是愈來愈貧乏？所以，我們是不是應該認真凝視心靈，找回真正的富足？那是一個人們談論著、廣泛流傳著這類訊息的「心靈時代」。

然而，那位弟兄卻不一樣。他看到的無意識一定是毛骨悚然的。

「你們不認識自己。」

正如這句話所揭示的，那是一個會背叛自己、摧毀自己所建立起的事物的自己。我想，對他而言，無意識是某種帶著創傷的東西。

不只如此，那位弟兄的問題，更在於什麼才是「真正的連結」。

那位弟兄不得不思考無意識，是因為他在煩惱著關於「去愛」的意義。是要愛上帝？還是要愛人類？以及身為一個人，自己是否能夠好好珍愛自己所珍愛的對象？

為了回答這些迫切的提問，他才在心中畫出了這條輔助線。

——通往真正的連結——

之所以說，比起青春期的我，剛進入中年期的弟兄更具有未來性，就是這個緣故。

我說得沒錯吧？這個物質不富足、風險倒是一個也不少的孤舟時代，我們如何才能與他人建立起深厚的連結？這是我們現在抵達的所在地。

當時，那位弟兄正在此處奮力前行，而我們接下來也將度過這個危險的海域。

好了，深夜的閒聊就到此為止。

火堆還在嗞嗞作響地冒著煙，威士忌也剛好喝完了。

該是入睡的時候了。

明天也會是艱辛的一天吧。

並非真正的自己，而是真正的連結——

如果我們接下來能找到，那就太好了。不知結果如何。

請先好好讓身體休息一下吧。

晚安。我們明天見。

Part
4

連結不止一種

分享與祕密 I

「連結」一詞總給人一種美好的感覺，但實際上我們卻對連結感到深深的畏懼。

醒來睜開眼，仍是黑夜。但海面十分平穩，因此我們從無人島啟程，並在夜海上輕快地航行了一會兒。

突然間，狂風暴雨襲來。

豆大雨珠的滂沱大雨，懸崖峭壁般的巨浪，冷酷無情的暴風。

船桅折斷，船舵毀損，船槳被捲走。

至少船身沒有翻覆。這已是奇蹟般的幸運。漂流在如此波濤洶湧的大海上，通常是撐不了多久的。

騎手努力地為我們撐住了。

這裡是不是在颱風眼中？風雨都暫時停歇了，但浪濤仍如惡魔般翻滾著。天上看得見朦朧的月，圍繞在月亮周圍的雲層散發著一股不祥之感。

我們必須趁現在重新調整好態勢。將小船底部的水舀出去，將能修補的地方修補好。更重要的是，我們得先把你的小船和我的小船用繩索連起來，免得被沖散了。

要在黑夜的汪洋上，保持連結是很困難的。小船和小船輕易就會失去彼此的蹤跡。一旦分開，要再會，可就沒那麼容易了。

等等。

這狀況不正是我們正在面對的提問嗎？

如何才能在漆黑而洶湧的海面上，繼續保持連結？該用什麼樣的繩索，用怎麼樣的方式打結？

孤舟時代裡，我們該如何才能實現「去愛」？

這是下一場暴風雨來臨前，我們必須先思考的問題。

✚ 我們容易變得孤獨

首先從確認現狀開始。

「這麼一來，我就只剩自己一個人了。」

這是我們始於心理諮商所的起點。

仔細想想，還真神奇。因為世上充斥著大量的人際關係。

我們為了工作，不得不跟許多人交流；我們使用社群網站，就會認識許多新對象。人類史上應該從未有哪個時代，為人們準備了這麼多的人際關係。

然而，我們卻容易陷入孤獨。即使你有朋友、家人，或者有男女朋友，也會在不知不覺中發現自己是孤獨的。

比方說，不想一個人吃飯時，雖然想約人，但又覺得這麼做會造成對方困擾。或者，遇到困難的時候，不知道該向誰發出求救訊號。當自己的狀況愈差，就愈不想和人見面。生在這個挺騎手的社會裡，我們感覺他人是危險的。

「連結」一詞總給人一種美好的感覺，但實際上我們卻對連結感到深深的畏懼。

請你回想一下，我們的創傷多半不都來自連結嗎？人際關係中，有時會出現猛烈的攻擊，產生嚴重的背叛。原以為牢靠的連結，快速崩解，轉瞬即逝。連結既危險又虛幻。

為何變成這樣，我們曾在「去做事」的孤舟化上找到答案。因為「去做事」吞沒了「去愛」，所以我們變得難以連結。這些前面已經聊過。

然而，原因其實不僅止於此。

在現代，「去愛」本身也產生了巨大的變化。

究竟發生了什麼事？是什麼改變了？

＋「去愛」的孤舟化

比起「去做事」的劇烈變化，「去愛」的變化可能比較難以察覺。

這是因為，「去愛」的變化耗時五十年左右，與「去做事」相比，它改變得較為緩慢。

但確確實實發生變化了。

和「去做事」一樣，「去愛」也逐漸脫離大船，變成各自駕駛小船航行（雖然還有許多不完全的地方）。

舉結婚為例，即可一目瞭然。

當社會中，大船的力量仍處於絕對上風時，婚姻多半不是透過自己的意志所促成。直到不久之前，普遍的做法仍是由彼此的親屬安排，透過相親結婚。也就是說，誰要與誰連結，是由大船事先決定。

這種痕跡或許仍留存至今。現在也會舉行相親，即使是透過戀愛結婚，婚禮也會邀請親戚和公司的人。換言之，召集新人所隸屬的社群成員，讓大家一起祝福、承認、保證兩人的連結。我們透過這樣的方式促使婚姻融入社群。結婚制度至今仍保留著過去的大船色彩。

不只結婚如此，過去和朋友、夥伴之間的關係，也是大船式的。

比方說，約莫十年前的工作同事，就是典型的例子。白天是跟同事肩並肩工作，晚上是跟同事一起喝酒。到了假日，一起打業餘棒球的對象，也是同事。如果是住在員工宿舍，那就連家都住在同一個地方。

過去的人際關係，都是我們所隸屬的社群為我們準備好的。無論學校，還是職場，都如同「村莊」一般。誰該跟誰相互連結，誰不該跟誰產生連結，都是由大船安排。

大船的連結有好的一面，也有壞的一面。

應該有很多人因此得到幫助。因為我們既不用自己尋找連結，又有大船幫我們守護連結，使連結不至於被破壞。從這個角度來說，大船能防止我們變得孤獨，能帶來穩定的人生。

當然，同時也有負面之處。那就是「不自由」。我們很難拒絕大船所安排的連結，要和大船所禁止的對象產生連結的難度也很高。只要待在大船上，即使是討厭的對象，也得耐著性子與他們保持連結；對於想產生連結的人，也不得不放棄與對方的關係。

穩定與不自由，兩者在大船上是互為表裡的。

最後，大船慢慢失去力量。

你的祖父母世代和你的世代，人與人的連結方式應該完全不同吧？

社會上的大前輩們一點一滴地將連結孤舟化。要與誰連結，要與誰不連結，都是自己說了算。這是他們爭取來的自由。「去愛」的孤舟化，就是連結的自行決定化。

莎士比亞的《羅密歐與茱麗葉》是在描寫一對男女因為家族與家族間的敵對，也就是大船與大船間的敵對，而無法順利與彼此產生連結的悲劇故事。如果他們生在現代，應該會變成小船與小船的單獨相遇（例如透過交友ＡＰＰ）。如此一來，他們就不會遭到任何反對。他們一定會互傳著「啊，羅密歐」「啊，茱麗葉」的ＬＩＮＥ貼圖，輕鬆自在地享受著彼此的連結。當對方變得討人厭時，也只要傳一句「珍重不見，羅密歐」，然後按一個鍵就能把對方封鎖。

要與誰連結，都是自由的。

無論對方是什麼性別、年齡或國籍，全都是自由的。一切由你作主。

連結的形式也是自由的。

住在一起也好，不住在一起也好。有身體接觸也好，無接觸身體也好。

用自己喜歡的方式連結就好。

不僅我們和伴侶的關係是如此，我們與朋友、家人的連結也是可以自由選擇的。

要和好友絕交也行，就連親子關係也能斷絕。一段關係若是逃開比較好，那就儘管逃開，完全不成問題。

連結的孤舟化讓我們變得自由。但它也有它的負面之處。

✚純粹關係容易壞滅

如果大船上的「去愛」，是為了換來穩定而接納不自由的話，那孤舟化的「去愛」，就是為了換來自由而不得不接納不穩定。

因為你可以自由選擇連結的對象，就表示對方也能自由選擇。即使我想和你在一起，如果你不想，那我們就無法在一起。

如今沒了大船，我們的連結變得容易斷裂、飄忽無常。

社會學將這種連結方式，稱為「純粹關係」（pure relationship）。雖然名稱很美，實則相當難搞。

純粹關係是指，「單單」以兩人希望能在一起的想法為基礎的關係。換言之，這種關係只有在彼此都同意在一起時才會產生，只有彼此都感到滿足時才能持續下去。

此時的重點在於，自己與對方的關係，一定要良好到能從中產生「想在一起」的心情。若是為了金錢、為了育兒、為了世俗眼光等外在因素而「在一起」，那就不能算是純粹關係。

因為與對方的連結本身很美好，所以「在一起」。這種為了「在」而「在」的、極致的「行動即目的」的關係，就是純粹關係。

從這個角度來看，外遇或許可說是最淋漓盡致的純粹關係。

因為從社會角度來看，兩個人最好是不要在一起。在外部因素上，外遇不能帶來任何好處。這種關係只會傷害周圍的人，無論是在社會面上，或經濟面上，都會產生許許多多的危險。

即使如此，兩人仍因為想在一起而在一起。還有比這更純粹的事嗎？這不正如同羅密歐與茱麗葉嗎？所以，外遇不是卑劣至極的關係，而是純粹至極的關係。

正因如此，純粹關係十分脆弱。

連結很美好，所以彼此連結。此時，純粹關係是單腳站立。只要心情一變，關係就會輕易化作泡影。

我們容易變得孤獨，就是這個原因。無數的小船漂流在汪洋大海之上。彼此之間，時而相連，時而分離。

這就是我們這個時代的「去愛」。

✚ 多條繩索

問題是明明生在一個容易孤獨的世界，我們卻又無法忍受孤獨。

或許有人會說：「我不需要連結，孤獨才是正義。」

但我想，那是在過往的人際關係中受了難以忍受的創傷，才會說出的話。也有可能那個人雖然現實中是一個人生活，但內心卻是與某個重要他人同在（記憶即財產）。

還有人說：「每個人死去的時候都是一個人。」或許確實如此。

但真要這麼說的話，那「每個人誕生的時候都是兩個人」。因為我們都是誕生自某個人的身體，至少那個瞬間，我們並不孤獨。我們的心中還銘刻著自己與某人相互連結的感覺和記憶。

或許連結所帶來的痛苦，有時會凌駕在一切之上，但在沒有連結時會感到痛苦，也是心靈的天性。

我們不停地追尋著連結。小船為了追尋小船，而在汪洋中漂流。

此刻我們才終於抵達一開始的提問。

這樣的話，連結小船與小船的繩索，究竟是什麼？真正的連結是什麼？

這裡可不會只有單一繩索而已。因為繩索也是形形色色。
沒錯，連結是多元的繩索。
比方說，或許你需要的明明是朋友，但你卻在尋找男女朋友。或許你明明想要的是保護人，卻一味地增加支援網絡。
繩索也有各式各樣的種類，根據各種不同的狀況，某些繩索能抓得住你的孤獨，某些繩索則不能。
這是很棘手的。正因如此，我們經常產生混淆，進而失去方向。我們愈來愈不知道，自己需要的究竟是哪一種連結。
因此，這裡就必須畫出輔助線了。

來喲來喲，走過路過千萬別錯過！
我們的連結到底有什麼和什麼？
暢快揮灑、一筆到底，畫出一條輔助線。
一陣煙霧團團升起，剎那間煙霧之中出現了分享與祕密。
他們到底是誰？

分享與祕密

我們與他人連結，是透過兩種原理。這在社會學中稱為「共融性」（communion）和「親密性」（intimacy），此處我們姑且稱之為「分享連結」和「祕密連結」。

分享連結正如其名，是透過與「大家」分享，進而產生連結的關係。

比方說，請回想看看和你一起挑燈夜戰、徹夜完成工作的專案小組裡的同事，和你一起分享育兒經的媽媽團，和你一起進入公司、一起擁抱青春的同期同事。或者回想罹患相同疾病、擁有相同身心障礙的當事人團體也可以。

這些都是由多人共同分享相同的事物而產生的連結。同一個時間、同一個場所、同一個問題，或同一個任務，無論共同分享的是什麼都行。形容一起生活的親密朋友，有時我們會說「同吃一鍋飯的兄弟」，像這樣共同分享某種東西，就會讓我們自然而然地成為朋友、成為夥伴，成為志同道合的戰友。

相對地，祕密連結則是深入挖掘「你」的祕密的關係。

比方說，請回想看看你和戀人或伴侶的關係。對於這種對象，我們會思考很多，會想說：「對方真的愛我嗎？」「我真的把這個人看得很重要嗎？」此時的問題就在於「真的」一詞上，也就是平日被隱藏起來的祕密心情。這種更加深入的關係，這裡我們就稱之為祕密連結吧。

不是只有戀愛，祕密連結還有其他各式各樣的形態。

所謂的摯友，基本應該是分享連結，但有時也會成為祕密連結。像是在毫不隱瞞地談論心事，或者彼此說出自己對對方的真實心情之時，就是如此。

或者，有些親子關係會因為彼此搞不懂對方的心情而演變成激烈爭吵。有時候或許會因此而斷絕關係，但如果能跨越這場危機，雙方就會變成更深入了解彼此的祕密部分的關係。

無論是哪一種，此時的問題在於，不是「大家」，而是特定的「你」。當彼此許下「我想讓這個人理解我」的承諾時，就會產生一個只有這兩人才知道的關係。這種時候，你是活在祕密連結中。

如果你有這類記憶，現在可否請你回想一下？

一個是透過分享相互連結時的你，一個是透過祕密相互連結時的你。在這兩種情況下，你是不是使用了不同部分的心靈肌肉在相處？

究竟是什麼不同了？又是怎麼個不同法？

✚ 不傷害的關係

剛才提到分享連結容易產生於多人一起相處時，祕密連結容易形成於兩人獨處時。同樣是一起吃飯，三人以上和單單兩人，氣氛很不一樣，對吧？

但那只是什麼情況「容易」產生什麼連結而已，並非三人以上就一定是分享，單單兩人就絕對是祕密。實際上，我們與摯友的連結，就是既有分享，又有祕密；其他像是我們和家人、伴侶等的關係，多半也都是分享與祕密摻雜在一起的。

如此說來，分享和祕密的本質差異究竟是什麼？

我認為就在於「對待創傷的方式」。

首先，我們來看看分享連結會如何對待創傷。

以媽媽團的連結為例。她們是彼此分享育兒辛勞而相互連結的一群朋友。在這種關係裡，她們會交換什麼餐廳可以帶小孩去的情報，會互相託對方顧小孩，會給予彼此具體幫忙。

這樣來看，有媽媽團能帶來許多便利，但這種便利本身也能用金錢買到。我們可以透過提供育兒資訊的會員制網站取得情報，也可以託保母照顧小孩。但媽媽團之間的情誼，並非來自於為了找人免費代勞。

這種連結本質上的價值在於，她們會彼此分享創傷。育兒的辛苦之處、因生孩子而不得不中斷職業生涯的不甘、社會和周遭的缺乏同理，媽媽團共同分享的就是這些事物。

正因如此，有事時她們會互相勉勵，互相支持。知道有人遇上糟心事時，她們就會代替對方生氣，互相發洩牢騷。遇到困難時，就給予幫忙。交換情報、託顧孩子，也是其中的一環。

因為媽媽團裡的人十分了解彼此受的傷，所以能設身處地著想，不讓傷勢更加嚴重。事情出錯時，她們不會責怪說「都是妳的錯」，而是能說「這也是無可奈何」。此時產生的是「不傷害的關係」。

不傷害的關係，不只發生在媽媽團之間。社團的團員間、處理同一項專案的團隊間，也是如此。

在一起的時候，能分攤辛勞，能分享苦樂。如此一來，這裡就會變成一個可以示弱，可以尋求幫助的地方。也能夠感受到自己的痛苦「不是只有自己知道」。

重要的是，這種不傷害的關係，讓我們能做回「像自己」的自己。

當我們受到傷害，或是身處在會傷害自己的人事物之中時，我們往往會變成一個「討厭的人」。因為我們為了保護自己，而不得不武裝起來。

然而，在分享連結中，因為彼此會同理對方，不讓對方感到受傷，所以我們能解除武裝。在一個感到安全的場所，原本存在的那個「像自己」就會坦率地表現出來。因為我們不武裝時顯得一派輕鬆，更重要的是不會傷害周圍的人，所以看起來就會是個相當「討喜的人」。

個性的好壞，其實很大一部分是受環境決定。如果你變成了一個「討厭的人」，那或許是你周圍造成的。

總結一下，分享連結就是不傷害的關係。

此時，我們會同理他人，不讓對方感到受傷，同時也會知道自己不會受到傷害，而能安心地待在這裡。這讓我們能做回「自己」。

✚ 互相傷害的關係

接著要談的是，祕密連結是如何對待創傷的，若直接說結論，那麼在這種連結裡所發生的就是「互相傷害」。

就拿親子間的「出櫃」為例。「出櫃」是向自己珍愛的人，坦承自己的祕密的行為。出櫃的種類不勝枚舉，這裡我想參考一本由男同性戀的文化人類學家砂川秀樹先生所著的書籍《出櫃》（原書名：カミングアウト，暫譯，朝日新聞出版），透過這本書思考性少數者向父母坦承性傾向時的狀況。

砂川先生在書中介紹了一個案例，是女兒向母親出櫃，坦承自己是女同性戀。她的內心很焦慮，既怕出櫃後自己會受傷，又怕會讓母親受傷。但因為她很重視母親，她「想要得到對方的理解」，因此她要開誠布公地說出祕密。

有時候，祕密能夠得到對方接納；但有時候則不能。

書中介紹的這個案例中，母親在女兒出櫃當下，雖然帶著誠意做出了回應，但她內心其實承受不住這個祕密。

女兒天真無邪地以為自己的祕密得到了接納，而十分高興。但母親卻無法消化性的問題，而感到混亂，其後的兩、三個月都是以淚洗面。

兩人錯認了彼此。祕密將兩人拉開。某一天，她們之間的分歧直接暴露出來。其實彼此並沒有相互理解的事實，浮出了水面。

原來母親並沒有真的肯定女兒。女兒也對此深受創傷。下定決心說出的祕密被否定，就等於是自己的存在被否定。所以女兒責怪地說：「原來媽媽也是會歧視的人。」這件事讓母親也深受創傷。

兩人互相傷害著。

這是令人十分痛心的事，照這個事態發展下去，連結就此中斷也不奇怪。向他人坦白說出祕密，就是伴隨著這麼大的風險。

即使如此，連結還是有可能被修復。

在這個案例中，母親與女兒走向了關係的修復。她們給自己時間，借助周遭的支援，更重要的是，同時她們也互相幫助。

母親努力理解女兒。她閱讀各種性少數的相關書籍，收集相關資訊，不停學習。透過這個過程，慢慢理解自己所受的傷，理解女兒是帶著多麼真切的心情。

因為砂川先生的書聚焦在母親這一方，所以沒有詳細寫出女兒的轉變過程，但我想她一定也是經過了一段反覆思考，並試圖理解母親心情的歷程。她確實也向母親推薦了哪些書可以看。為了修復受傷的關係，兩人互相伸出援手，彼此幫助。

砂川先生寫道，在出櫃時，比起坦承自我身分的那個瞬間，更重要的是接下來的時間，因為兩人若是想法分歧，接下來就要不斷調整關係、修復關係，並慢慢建立一個新的關係。

在互相傷害的那段時間，她們是孤獨的。那段時間是痛苦難耐的。但這也是持續嘗試接觸對方的證據。因為試圖接觸，才會產生傷害。

在這段時間裡，彼此也會一點一點地慢慢讓對方知道，真正的自己是什麼樣子。也就是說，她們都重新學習認識對方。

這時，兩人並不是以回到以往的關係為目標，而是嘗試將舊的關係重建成一個新的關係。而現實中，在母親接納了女兒是女同性戀的祕密後，她們兩人變得比過去更能坦率對話，更能面對彼此了。那段互相傷害的痛苦時間，給了兩人建立更深厚連結的機會。

當然，「互相傷害」與關係的重建，並非只發生在性少數者和其周圍的人身上。

父母與孩子看似深深了解彼此，其實卻是一種不了解的部分不斷增加的關係。所以有時需要坦白說出祕密，讓關係得到更新。若不這麼做，不知不覺中彼此就會變得無法再共同相處。孤獨無時無刻不在身後追趕著我們。

不對，不只是父母與孩子，和伴侶的關係、和摯友的關係，以及師徒的關係上，也都發生相同的事。

隨著時間流逝，狀況改變，人也會改變。祕密無盡地產生。

所以，要讓關係延續，就不得不在每一個轉折點，深挖祕密。這麼做雖然也有可能造成深深的傷害，即使如此，若不像這樣不斷重建新關係的話，關係就會無法繼續。這就是祕密連結。

總結一下，祕密連結就是指互相傷害的關係。

在此連結中，兩人之間會產生摩擦，互相傷害。但摩擦同時也是磨合。祕密所產生的互相傷害，會逐漸將你琢磨成一個能與對方共同相處的形狀。

＋祕密是危險的

一個是不傷害的分享連結，另一個是互相傷害的祕密連結。

我們談過了現代的「去愛」，分成這兩種方式。一直以來你應該也是利用這兩種連結方式，與他人建立關係，防止孤獨的吧？

只不過，有一件事必須注意。

那就是祕密連結是有風險的。

親子和情侶的關係中，會因為發生令人痛心的暴力，而造成各種問題；上司與屬下的關係，也有可能被看作是職場騷擾；強硬介入學生私事的熱血教師，已不像以往那樣受到追捧，說不定還會被當成是問題人物。

祕密連結中所存在的「互相傷害」的性質，很容易變成單純的支配或榨取，以及無法挽回的暴力。當兩個人在只有彼此才知道的密室中開始互相傷害時，事情很容易失去控制。

在祕密連結中，雖然有時會發生有意義的互相傷害，但有時也會出現只能說是純粹破壞的單方面暴力。所以，如果你現在正處在後者的關係裡，那就應該頭也不回地逃跑。

這就是困難之處。祕密連結是由複雜的創傷糾纏而成。如果是創傷將人與人撕裂，那麼也是創傷將人與人深深地連結起來。

當不完整的人和不完整的人生活在一起時，就是這麼回事。那裡有著大量不足為外人道的難堪事，也會發生許多只有彼此才能理解的醜事。只有不屈不撓地停留在這種關係裡，將複雜的事彼此拿出來複雜地說，才能深化祕密連結。

孤舟化的我們已變得難以忍受這種複雜。小船和小船之間的關係，一旦受傷就容易變成致命傷，而實際上也確實發生過，因為停留在那樣的關係中，結果造成無法挽回的後果。

介入他人內心，或內心被他人介入，都是有風險的。我們這個時代的根源性恐懼，就是來自於此。他人是驚悚的。

分享在先，祕密在後

所以，最好還是先透過分享來連結。

痛苦時，有人能發發牢騷，壓力就會減輕不少；感到寂寞時，也可以跟朋友見面。

小船是脆弱的。正因如此，當你被逼進死角時，那就先分享。利用不傷害的關係，確保安全，得到支持，調整好態勢，這才是優先事項。

反過來說，被逼到退無可退時，祕密連結是一種禁忌。這種時候，若想追求祕密連結，我們就會落入對方的支配，或變得想要支配對方。

就是因為有這樣的狀況，所以在心理健康照護的領域裡，非常推崇分享連結。

比方說，現在大眾已經廣泛認識到當事人所組成的自救團體，能發揮多大的支持力量，私人與公家共同合作建立能產生分享連結的社群及容身之所，也蔚為風氣。

再者，比起兩人單獨在密室裡諮商，讓更多人一起在大空間裡參加的支援團體，之所以成為今日的潮流，也是由於這個緣故吧。

容易受傷的小船們，應該先透過分享連結，得到支持。這是現代社會的風潮，同時我也覺得這樣做比較好。分享比較安全。這件事絕對錯不了。

然而，與此同時，我也會想說：

「分享連結應該也不是萬能的。」

任何事物都有它的長處和短處，有它的作用和副作用。這正是輔助線帶來的智慧。分享連結當然也有它的極限。

所以，如果你的繩索全都是分享連結，我想，有時反而「也」會因此令你感到孤獨吧？

我們沒有必要跟身邊所有人都建立祕密連結，我們也並非時時刻刻得擁有這種關係。那確實是有風險的危險關係。

即使如此，我想，有時我們「也」需要刻意投身於危險之中，深入他人的內心。若是如此，那這個有時是什麼時候？

而這種深厚的連結，又能帶給我們什麼？

我們非回答這些提問不可。

✚ 借助故事的力量

唉呀，風變得愈來愈強了。浪濤也很高。月亮被烏雲吞沒，四下漆黑一片。

糟糕！你的小船開始浸水了。
請到我的船上來。快點！
好了，這裡有點狹小，請忍耐一下。好的，這樣就沒問題了。

接下來我們將進入最危險的海域。你看，那道漩渦。我們無從知曉哪裡潛藏著暗礁。狂風猛烈地颳向我們。
即使如此，還是不得不前進。
我們必須抵達祕密連結的最深處。
為此，光靠輔助線是不夠的。光是抽象的圖形說明，是無法對抗連結這種極為複雜的東西。
我們需要的是故事。故事可以將複雜的事物，複雜地描繪出來。
因此，這裡就再次請美希出場吧。
與那個孤獨的她進行的治療，後續是如何發展的？
我想，美希所遭遇的如暴風雨般的故事，應該能為我們的問題提供答案。

Part
5

當連結變成故事

分享與祕密 II

人生中某段時期產生歸屬感的連結，總在不知不覺中鬆脫。透過分享而建立的關係，當各自的人生處境改變，能分享的事物減少時，就會脆弱地消逝。

分享連結是不傷害的關係，祕密連結是互相傷害的關係。不得不划著小船生存的我們，基本上都需要安全的分享連結，但恐怕有時候「也」需要危險的祕密連結。到此為止你可以跟得上嗎？

既然如此，又是什麼時候需要呢？承擔風險，踏入危險的祕密之中，又能為我們帶來什麼？

你還記得美希的故事嗎？對，就是那個失眠的女子。被暴君般的父親和靠不住的母親撫養長大的她，從不依靠任何人，靠著自己一人獨自生活。她透過不斷執行PDCA循環，如同五星級飯店的經理般為他人提供服務，存活至今。這雖然為她帶來了社會性的成功，但同時也陷她於孤獨之中，奪去了她的睡眠。

於是，她漫長的治療之路，就此展開。

我與她的夜海航行，應該能為「分享與祕密」的更深處，也就是為「什麼才是真正的連結」這個提問，帶來提示。

夜海航行——美希的視角

諮商剛開始時，和美希見面是非常舒服愉快的經驗。因為她即使是在諮商室裡，也會發揮飯店經理式的待客之道。彷彿在飯店裡引領我到達宴會場地般，溫和有禮又簡單明瞭地說明自己的問題，並流暢地敘述怎麼做才能解決問題。

我只要默默地聽她說就好了。而且當我偶爾提出意見，她就會說：「您說得一點也沒錯。我過去竟然都沒有發現。這麼一說，讓我想到一件事……」然後開始向我敘述她全新的覺察。我彷彿一個超強的心理師。

不僅如此，才開始諮商三個月，她就說她正在順利改善，甚至說她的睡眠狀況也比以前好了。

「都是託諮商的福。」

她露出一個頂級的笑容。

這怎麼可能？她固若金湯的失眠問題，是自國中持續至今，哪有可能在這麼短的期間內治癒。諮商明明就是一個用來處理她的痛苦的場所，卻被偷換成她將我招待得服服貼貼的地方。

她可能就是那麼難以依賴他人吧。自己一個人不停執行著自己的PDCA的她，即使進了諮商室，也是自行分析所有問題，並試圖自行解決。她從來不會說：「我該怎麼辦？」不向我尋求建議，也不曾向我吐露她痛苦難過的情緒。

因此，我有幾次試著對她說：「妳在這裡也是當個善解人意的人，妳痛苦的部分一直都沒有現身吧？」我想和她討論她的「無法依賴」。

然而，她似乎沒有聽懂的樣子。她感謝能有一個地方聽她說話，她覺得自己已經說得夠多了。似乎連「依賴」是什麼，她都似懂非懂。

人無法想像出自己不曾體驗過的事。當我一想到她的人生經歷中，從來沒有能讓她依靠的人，就不禁感到悲傷。

就在半年將過的某個冬日，美希竟然遲到了二十五分鐘才現身。這是極為罕見的。因為她的時間表總是安排得無懈可擊，過去的她每一次都會在分毫不差的時間，按下玄關的門鈴。她只在一開始對我說「對不起，我遲到了」，接下來就沒有再提起這件事，連外套也沒脫，就開始如往常般展開談話。她條理清晰地報告了這一週發生了什麼，一如往常地開始分析問題，並自行提出解決方案。

房內的暖氣很強，她擦了好幾次汗水。不知是不是心理作用，我看她似乎呼吸得有點急促。所以，我打斷了正要滔滔不絕說下去的她，詢問道：

「妳不用脫外套嗎？」

「啊，您說得對。」

她把外套脫下。

「我都忘記了。」

我再問道：

「會不會是因為遲到讓妳很焦急？」

美希嚇了一跳，一時語塞後，慌慌張張地說：

「……我想說會不會讓您感到不愉快了。」

當時讓我驚鴻一瞥的是，那個表現不完美就會遭到威脅的她。而我也從中明白了一件事——這樣處處提心吊膽的她，在這半年來的諮商中，都完美地掌控自己，好讓自己不必對我有所依賴。

既然如此，那為何她今天卻遲到了呢？為何她不再完美了呢？

突然感到身體不適

她遲到的原因是，身體突然感到不舒服。她明明一如往常地提早出門，讓自己在路上有充裕的時間，但搭地下鐵時，暖氣太強，她突然感到一陣噁心想吐。雖然她拚命忍耐，但還是無法忍住。在快要抵達的前幾站臨時下車，一路奔向車站的廁所。她在廁所中嘔吐，動彈不得好一會兒。當她回過神來，已經趕不上諮商的時間了。

怎麼會這樣？我如此問道。她說，大概是因為昨天喝太多酒了。

「妳喝了多少？」

「……大約半瓶威士忌。」

這是很驚人的酒量。

一問之下，美希的酒量是在開始心理諮商後，一點一點慢慢增加的。晚上睡不著覺時，她就會感到焦慮，因而開始大量飲酒。

「妳不敢告訴我嗎？」

「我想說，這件事沒有必要在這裡提起。」

這些話美希似乎說得很痛苦。

「我想說以前我都自己擺平了。」

「今天遲到或許是偶然，但從結果來看，也把實際上身體不適的妳帶到了我面前，對吧？」

會不會是美希內心的馬匹故意造成遲到的？這是我想表達的意思。

「……我也不知道。」她困惑地說。

「或許是妳內心的某個部分，想讓我看到『身體不適的這個妳』。」

我進一步解釋：

「換句話說，或許妳內心的某個部分是想要找人依賴的。」

她沒有否定。沉默了半晌後，身體鬆軟下來，靠在了沙發上。

「或許如你所說，或許不是如你所說。」

自此，諮商時的氛圍有了小小的轉變。飯店經理式的舉措依舊不改，但她變得有沉默的時候了。心理諮商不再只是她提供服務的時間，同時也成了她為自己拼湊出自己話語的時間。

於是，在這之前明明說自己只有失眠的問題，現在卻開始談起自己的焦慮不安、沮喪鬱悶、自我厭惡等會在平日油然而生的痛苦情緒。

問題不僅僅是夜晚的酗酒而已，在白天她也有狀態很差的時候。工作到一半，突然感到自我厭惡的頻率愈來愈高。她說，這時候她會躲進只有她一個人的會議室，讓自己的情緒平靜下來。

突然感到身體不適——對此，這半年來，她都隻字不敢提起。

✚ 馬兒動起來了

提到心理諮商，或許你會聯想到的是，把自己交付給心理師，坦白說出自己的創傷。但實際上談何容易。尤其像美希這樣過度「獨立」的人，即使在諮商時，也會想繼續維持「獨立」。因為她不知道除此之外，自己還能怎麼做。

即使如此，我們一週一次的見面，似乎一點一點地激發出她「想要依賴」的心理。當你持續見到某人時，你就會習慣那個人。我想就是這種習慣，讓她過去被凍結的部分，緩緩地、微微地動了起來。

這在美希身上表現出來的方式，就是變得身體不適。當受傷馬兒的部分開始溫溫吞吞地動起來時，就有可能造成這種狀況。在無法依賴任何人時，受傷的她被壓抑在心靈深處，但是變得想要依賴時，那個她就會浮上表面。

開始感受到那些原本裝作沒發現的自我厭惡、焦慮不安，是一件痛苦的事。正因如此，她增加酒量，試圖麻痺那些感受。

然而，開始動起來的馬兒，豈有那麼容易就被鎮定下來。馬兒在地下鐵裡失控，造成她的遲到。以諮商時無法按時出現的方式，讓她真正痛苦的一面浮出水面。自此之後，我們才開始討論到一點點關於她的創傷部分。

始。

當然，也就只有一點點而已。心理諮商才剛剛進入序幕。儘管如此，這仍是不錯的開始。

執行PDCA的好夥伴

心理諮商開始恰好即將屆滿一年時，美希按計畫正式進入了創業的準備。這可把她忙壞了。除了公司每天的工作，還得和各式各樣的人見面，辦各式各樣的雜務。

意想不到的麻煩接踵而至，不如意的事排山倒海而來。即使如此，美希仍秉持著天生的經營管理能力，不屈不撓地迎向挑戰。為解決迎面而來的問題，她不停執行著PDCA循環。

不過，她也有些地方稍稍不同以往了。美希變得能示弱、敢抱怨了。合作廠商的傲慢態度、同事的缺乏同理、不論努力過程一切只看成敗的殘酷職場等等，她在諮商時講出了自己生活的辛酸。而這些現在進行式的辛酸，與她年輕時的體驗重疊——父親傲慢、母親缺乏同理，以及一切只看成績，因此她才開始談起了那段時期。在這樣的對話中，我發現我們之間的共鳴處。

在美希最底層的根源性感受是不安全感。無論是當下還是過去，她都是一艘無處靠岸的小船。過去，當她一想依賴某個人，父親就大發雷霆，母親就身體不適。如今則是合作廠商對她擺臉色，同事們對她避之唯恐不及。沒人願意幫她。她不得不一切自己來，一旦失敗自行負責。所以她只能靠自己一個人不停執行著ＰＤＣＡ。因為ＰＤＣＡ就是將人生中的不確定因素——不可靠的他人——加以排除的方法。

因此，ＰＤＣＡ運作得宜時，她可以忘卻自己的不安全感。她會覺得，自己擁有獨自生活下去的能力。然而，這並不能為她帶來安心。下一刻又會有新問題迎面而來，她再度產生不安全感。所以要不停執行ＰＤＣＡ。這就是她在人生中反覆不斷做的事。

我想，那些難以入睡而感到焦慮不安的夜晚，那些因自我厭惡而無法動彈的白晝，都是平時被她麻痺的不安全感甦醒過來，將她吞噬的時刻。

美希在理智上理解了自己的這種狀況。所以她自嘲道：

「我又在執行自己一個人的ＰＤＣＡ了。」那是悲傷的自嘲。到頭來，因為找不到其他方法處理這種不安全感，所以她也只能繼續做著相同的事，而對此我也同樣束手無策。

她向我分享了她的創傷就在那兒。然而，坐在諮商室裡的美希，時時刻刻都是一個優秀的商界女性。雖然會隱約透露出她的不安全感，但我們無法認真地去碰觸那個傷口。即使與我共處一室，她仍舊是孤獨的。心理諮商遇上了瓶頸。

就在這個時期，我發現，美希有時會說出「不像她」的言論。她開始會以「我跟朋友聊過……」或「我朋友跟我說……」作為開場白了。在此之前，出現在她談話中的，明明全都是缺乏同理的「敵人」。

仔細一問才知道，她在創業相關的交流會上，認識了另外四名男女，現在他們正在Messenger的群組聊天室裡密切地交談著。

一開始是為了某項專案的資訊交換而成立的群組聊天室，不知不覺也開始談起了與專案無關的閒聊。當專案告一段落後，群組沒有解散。豈止沒有解散，他們之間的對話還愈來愈熱絡，有時一天之中甚至會有數百條訊息往返。

雖然其中有已經創業的人，也有像美希一樣正準備創業的人，但相同的是，他們都正在打造著自己的事業，為自己的人生闖出一片天。美希嘗過的苦，他們也嘗過；美希看重的事物，他們也看重。他們每個人都不停執行著周密的ＰＤＣＡ。他們是有許多事物可以相互分享的夥伴。

分享自己感到火大的事，大家就會一起生氣，跟她一個鼻孔出氣。分享自己困惑的事，大家就會紛紛出主意、想辦法。有趣的事、令人好奇的事，就會引發大家共同討論；開心的事，就會得到大家祝福。這個群組聊天室成了無論任何事她都可以分享的地方。

這個連結支撐著美希。透過分享關於創業的種種問題，讓她克服了一道又一道的關卡。更重要的是，這個自己能幫助他人，也能得到他人幫助的連結，給了她一種「我不是只有自己一個人」的感覺。一遇到工作空檔，美希第一件事就是查看有沒有新訊息。若有新訊息，她就會立刻開心地回覆，這也成了她生活中的新常態。

某天夜裡，她一如往常地失眠，並在群組聊天室裡聊天時，因為話題剛好帶到，她便不經意地透露出自己小時候的經歷——父親咆哮、母親丟下她獨自面對的那一夜。在此之前，她從未在心理諮商以外的場合提起過這段往事。她本來只想當成是一個無足輕重的玩笑，想說跟大家介紹她那有點異類的家人。

成員們的反應卻令她意外。他們也都經歷過類似的童年。雖然具體的經歷各自不同，但共通的是，他們的父母都無法讓他們依賴，甚至會對他們產生傷害與威脅，因此他們為了保護自己而開始執行PDCA，如今為了不依賴任何人而朝商業之路邁進。他們在工作之外，也有著相同的創傷。

這是一次重大事件。

「原來我家真的不是一般家庭吔。」

她語氣略帶興奮地說。

「之前我們也曾討論過這個問題，妳那時真的不這麼覺得嗎？」

「雖然您也曾說過，但我還是半信半疑，到最後的最後，還是說服不了自己我家不那麼一般。」

她笑了起來。

「可是，在聽了大家的經歷後，我會覺得那樣真的很過分。既然如此，豈不就表示我家也不是一般家庭了？於是我才接受了這個想法吧？」

聽到同伴們的創傷，讓她第一次真實感受到自己的創傷。對她的同伴們而言也是如此。他們異口同聲地說，這才發現原來過去的自己其實很痛苦，並感謝美希給了他們認識這件事的契機。

創傷的分享，讓這個群組的連結，對彼此而言變成愈來愈特別。那裡成了一個小船們能聚在一起，暫時卸下武裝的重要場所。

依附的分散

聽到美希能像這樣與他人產生連結，起初我十分驚訝。

不過，仔細一想就能發現，其實她的心靈原先也有一個能夠與人連結的部分。

美希有個哥哥。過去兄妹兩人的關係，就是相互分享著難以相處的父母，彼此支持對方。美希也有過依賴他人的經驗。

想到這兒，我便覺得，這個時期的她正在重新找回曾經存在的那個身為「妹妹」的自己。

我想，心理諮商也起了一點作用。她在每週一次的諮商中，透露出自己脆弱的那一面。說不定是因為這種互動的累積，讓存在她內心、身為妹妹那時的感覺再次甦醒。只不過，活化她心中「依賴哥哥的妹妹」的部分，同時也是在活化對於哥哥棄她而去的恐懼。

當我們依賴他人時，就有可能因為被背叛而更加受傷。所以，還是繼續孤獨的好。這一點是靠心理諮商所無法打破的極限。

此時，創業家們的群組卻帶來了不同於心理諮商的發展。其中一個原因當然是因為他們可以互相分享相同的事物，但我想還有另一個原因。

那就是，那裡的連結並不是一對一的。那是多人的連結。約見面時，大家一起見面；傳訊息時，是對著大家說，由大家一起接收。

不是「依賴某一個人」，而是「依賴大家」。因此，依附的對象分散了。

我想起的是，同時是小兒科醫生，也是腦性痲痺患者的熊谷晉一郎的故事。

三一一東日本大地震發生時，熊谷先生身處的建築物，電梯停止運作，他因而無法逃離該建築物。熊谷先生平常都坐輪椅，沒有電梯的話，他就無法外出。

建築物裡的其他人都輕而易舉地逃離了。因為他們可以使用樓梯、逃生梯等其他路徑。

這個經驗讓熊谷先生產生了一個想法：身障者之所以「依附」性很強，是因為身障者能依附的對象有限，一般人之所以看起來很「獨立」，是因為一般人擁有大量的依附對象。由此可知，「所謂獨立，就是增加依附的對象」。

「大家」是分享連結的本質性要素，原因就在於此。

依賴一群人比依賴一個人安全。全面性地依附於單一個體，一旦被背叛，就會萬劫不復，但若將依附對象分散於多個個體，就能降低風險。

再者，不是將一切託付給一個人，而是分成許多部分，分別託付給多個人，也能降低彼此的負擔。這樣不但讓被依賴的一方能較輕鬆地接住對方，同時也讓依賴的一方能在確保安全的狀況下依附對方。

分享連結正因是「一群人」的連結，所以才安全。只不過，正因是將依附對象分散在好幾個人身上，所以也存在著無法打破的極限。

達哉的退出

得到分享連結的第二年下半的心理諮商，對美希而言，變成一個十分富足的時期。她的狀況十分穩定，雖然失眠情況沒有太大的變化，但焦慮不安、自我厭惡、沮喪鬱悶的情緒，已緩和不少。過去會讓她變得狀況不佳的空閒時間，現在都被和同伴們的群組聊天填滿。

不只是精神面進步，她的人生也踏實地前進著。因為她終於辭去公司工作，踏出創業的第一步了。雖說如此，美希還是經歷了一段掙扎、躊躇的過程，直到最後的最後，都無法對當時任職的公司放手。

那時候，給她力量的當然還是那群同伴。尤其，其中的達哉曾對她說：「不成功的話，再找間公司上班不就得了。」他的話對美希起了很大的激勵作用。

「像美希這樣的人，到哪裡肯定都找得到工作，再不然乾脆來我公司好了。」

受到這句話的鼓舞，美希才下定決心，真正走上創業之路。

迴避風險，踏實前進，是她的拿手絕活。因此，她不停地執行著ＰＤＣＡ。雖然工作非常忙碌，但多虧先前做了周全的準備，事業也算是進入軌道。這個經驗似乎讓她多了一分自信。

然而，這樣的佳境並沒有一直持續下去。群組這邊發生了變化。

身為主要成員，同時也曾鼓舞美希的達哉，選擇離開了群組。那時，他的事業開始經營不順。他被幾間合作廠商背叛，營業額縮水，資金周轉不靈。他給美希的建議，說不定是當時內心不安的他說給自己聽的。

達哉從上班族時期就展開了這項副業。獨立門戶，成立自己的事業後，又持續了數年。如今，達哉將他的這項事業暫時收了起來。沒有留下負債是不幸中的大幸。他起初就是在公司裡擔任電腦工程師，所以他決定目前就先回歸上班族的身分。

這件事對群組的衝擊很大。因為這群同伴之間的連結，是透過分享如何克服困難所建立起來的。

美希和其他人都十分擔心，也有意支援達哉，但彼此之間的意願卻是一頭冷、一頭熱。一邊是迎向未來，接受挑戰的夥伴們，一邊是出師不利，鳴金收兵的達哉。他們之間隔著一道難以填補的鴻溝。他們開始有無法互相分享的事物了。

達哉慢慢和群組保持距離。「抱歉，我最近比較忙。」他開始對訊息疏於回覆，也不參加大家的聚會了。

同伴們都很擔心他，但也幫不上忙。大家不知道該如何向他開口，即使開口，也會被他已讀不回。處境的不同令他感到受傷。群組中，聊天變得不太自然，氣氛有些尷尬。

最後，達哉主動說要退出群組聊天室。我想，他也是顧慮到了大家的感受。因此在產生重大的摩擦前，自己先保持距離。

達哉就這樣自己一個人乘著小船離開他們，航向不同的方向。

這是這個群組首次碰上的危機。原本五人成員的群組，縮減成四人。然而，他們之間的連結並沒有斷掉。不，甚至可說是變得比以前更活絡了。他們為了守住這個連結，而保持著密切的對話交流。慢慢地，他們也習慣了沒有達哉的群組，不知不覺中，連結恢復到自然的狀態，彷彿達哉打從一開始就不存在。他們和過去一樣，不間斷的訊息往來，相互提供著各式各樣的協助。

然而，這個事件卻令美希的狀態變得十分不穩定。她心中的寂寞難以言喻。

「一想到這個群組不可能永遠持續下去，就覺得悲從中來。」她在諮商時這麼說。於是，過去的焦慮不安、自我厭惡又再次向她席捲而來。

我從我們關於此事的談話中得知，達哉的退出帶給她的感覺，就像是重現哥哥的離家出走。哥哥打從一開始就不存在。她想起了過去父母的這種表現，以及不得不配合演出的自己。連結如夢幻泡影般無常。所以要不停地取得好成績，以確保自己的存在不會消失。年幼的她所感受到的不安，再次重演。這是她無法向同伴們述說的事。如果說了，會不會傷害到他們，而毀掉了這個群組？她這麼擔心著。

但取而代之的是，她做出了令人意外的行動。

彷彿是追趕離去的哥哥一般，她開始頻繁地與達哉聯絡，兩人單獨見面。過去受到了達哉的幫助，現在她也想幫助達哉。雖然她嘴巴上是這麼說，但我想恐怕不僅僅是如此而已。

或許美希本人沒有意識到，但我想，她的馬兒部分正在希冀一個更加堅固的連結。當她面臨到分享連結的極限時，「寂寞」的情緒油然而生。

達哉大概也是既感到寂寞又缺乏安全感吧。他們頻繁地聯絡、見面，兩人迅速地變得愈來愈親密。沒錯，他們成了一對情侶。

這讓我十分驚訝。自從開始諮商後，已經進入第三年了，但美希在這段期間，別說是交往，甚至不曾對男性產生過好感。再者，過去雖然有過幾次與男性交往的經驗，但每次都沒能維持太久。

原本光是為了自己的事就已焦頭爛額的她，如今心靈中竟有了裝載他人的空間。

她尋求著達哉，達哉也尋求著她。於是，又發生了更加令人吃驚的事。

事情發生在兩人第一次的兩天一夜旅行。出發前的心理諮商中，她向我述說著她的焦慮。

不知道在住不習慣的旅館房間睡不睡得著？會不會不要去比較好？她對此憂心忡忡。

不過，最後那些都成了杞人憂天。她睡得又香又甜。看來是因為身邊有個令她安心的人，而讓她能夠入睡的。不知不覺中，晨光已穿過窗簾的縫隙，射入房內，她在那間位於高原的旅館裡，聽到鳥鳴聲自陽台傳來。她已有好幾年都不曾睡得如此自然而乾脆了。

下一次的心理諮商，她愉快地向我報告這一連串發生在她身上的事。她好似少女般天真地說著。她自然地睡著了。這正是她最初前來諮商時想要達到的目標，她細細玩味著這份喜悅。

然後，她仔細回顧這兩年半的時間，也深切地感受到了自己的變化。她變得能夠示弱，並結識了同伴，經營起了自己的事業。她結交了另一半，而且能夠入睡了。這些是多麼巨大的成就。此時此刻的我跟以前的我不一樣了。她滿足地述說著，並對我說，慶幸自己來做了心理諮商。

太好了，我也這麼想著。只不過，我無法撒開手替她開心。因為我感覺到，真正重要的部分，我們都尚未觸碰到。

不過，她對於自己能夠與他人在一起而感到高興。我覺得這件事本身是相當可貴的，而我也期盼事情能就這樣圓滿地繼續下去。

＋小船的聚合

分享連結往往是無常的。

比方說，媽媽團的連結會隨著小孩的成長而逐漸變弱；與學生時代朋友們的聚會，也會因成員一個一個結婚或變忙，而愈來愈少舉辦。

人生中某段時期產生歸屬感的連結，總在不知不覺中鬆脫。透過分享而建立的關係，當各自的人生處境改變，能分享的事物減少時，就會脆弱地消逝。

從這個角度思考的話，就會感到悲傷。但我覺得，這種無常也是分享連結的優點。

畢竟，如果退出媽媽團，需要到戶政事務所辦理登記，或連十年後的同學會日期，也事先就被安排好的話，任誰都會感到厭煩吧。分享連結是一個可以自由參加、自由退出的連結，這就是它的優點。自由的小船可以自由地選擇聚散，就是這麼回事。

換句話說，在分享連結中，每艘小船最終都必須各自承受各自的孤獨。自己是自己，他人是他人。與人連結的同時，也保持著這道界線。這樣很好。但是也會感到寂寞。

我想，美希在達哉離開群組時，深切地感到這份孤寂。正因如此，她才想要追求更深刻的連結。這就是促使她與達哉展開祕密連結的原動力。

這麼做之後，讓她能夠入睡了。和達哉在一起的時候，她的不安全感得到緩和。我想，她是體驗到了牢牢與人連結在一起的安心感。

這就像是兩人離開了各自的小船，乘坐上了同一條小船一般。在狹窄的小船中，兩人可以觸碰到彼此的心靈。我想，這就是她一直在追求的狀態。

然而，故事並非就這樣迎來了圓滿結局。狹窄小船是一個從外部難以看清內側的祕密密室，而這個祕密密室，有時候滿載著創傷。

背叛

美希與達哉的交往是認真的。因為兩人都已到了成熟大人的年紀，所以隨著約會次數不斷累積，他們也開始談起了彼此的未來。兩人已經分享了許多事物，感覺今後也能分享更多事物。如果兩人的關係這樣繼續加深下去，那結婚應該也是不錯的選擇吧。他們彼此都開始有了這樣的想法。

但她卻在暗中做出了不可思議的行為。她跟達哉以外的男性也產生了關係，而且還不止一人。她會偶爾約出來見面，還會同枕共眠的對象，多達三人。

對此，她自己也感到十分困惑。在此之前，她雖然也曾與男性有過親密的交往（雖然無法持久），但她在交往期間從來沒有與其他人發生過關係，而她根本從沒想過要與其他人也發生關係。然而，不知為何現在卻一次擁有這麼多對象。

「我自己也搞不懂，不知不覺就變成這樣了。」

「妳想要從中得到什麼？」

我詢問著：

「感覺挺有風險的。」

「……我不知道。」

她困惑地回答：

「雖然知道會讓他受傷，但就是會忍不住想聯絡。」

在這之後，她也持續跟其他男性見面。她知道這麼做，無論是對她自己，或對達哉而言都是不好的。她知道，應該要珍惜達哉，但就是停不下來。有時她甚至會在和達哉約會結束後，去跟其他男性見面。

發生什麼事了？為什麼會變成這樣？那段時間，我們對這個問題進行了無數次的討論。

在這個過程中我逐漸明白的是，她是在和達哉相處中感到受傷的時候，才會想和其他的男性見面。兩人的關係乍看之下一帆風順，實際上卻發生了棘手的問題。達哉經歷創業失敗，情非得已之下回到公司工作，他正處於人生的艱困時期。他忍受著這樣的狀態，試圖控制自己，但在美希面前，他毫不掩飾地發洩平日的不滿。每個人都蠢得跟豬一樣。一群蠢材，沒有一個人懂我的價值……在美希面前，他總是用粗言穢語咒罵周遭的人。

美希努力接納他。她理解他的痛苦。因為他們有著相同的痛苦，所以她想當他的支柱。這種時候，她就會發揮她飯店經理式的待客之道，溫柔而包容地對待他。

然而，達哉的態度卻愈來愈目中無人。她毫無怨言地接納達哉，達哉卻視為理所當然地任性妄為。那種傲慢就像是不知感謝母親的幼童般的態度。

達哉開始對她的工作方式，以上對下的態度指手畫腳，對她的意見也置若罔聞。有時還會嘲笑她的長相和身材。

我想是因為他自己受了傷，感覺自己是個沒有價值的窩囊廢。因為這種窩囊感太過痛苦，所以他也要讓美希感到窩囊。人在不得志時，一不小心就會變成「討厭的人」。

美希一直體貼著這樣的他。然而，她同時也會感到極度煩躁。她自己也覺得不可思議，因為她過去幾乎從未對任何人感到火大過。即使如此，她還是會壓抑自己的煩躁，表現出五星級飯店經理的笑容。然後再與其她男性聯絡。

美希處於一個危險的狀態。她的心靈中產生了一個複雜而糾結的漩渦。她自己也搞不懂的矛盾情緒在相互推擠碰撞。我們為了釐清這種情緒，而持續不斷討論。她對態度蠻橫無禮的達哉感到憤怒；她對於自己背叛了他產生罪惡感；因為這種心情只能由她自己一人承受，又令她產生不安全感。不對，不光是這樣。

她之所以會煩躁，是因為她對達哉有所期待。達哉應該跟過去遇到的人不一樣，她懷抱著這樣的希望。雖然他們的關係傷害了她，但她同時也有著「希望對方知道我受傷了」的想法。所以才感到火大。自己竟對他人懷有期待，這讓她更加混亂了。她從未有過這樣的經驗。

結束來得十分突然。

某天，美希在達哉家中沖澡，此時她放在桌上的手機震動了起來。達哉不經意地瞄了一眼，手機上竟出現其他男人傳來的訊息。「下次什麼時候見面？」一切都浮上了檯面。

我被背叛了。達哉心想。他鐵青著臉，僵直在原地。他無法相信自己親眼看到的事實。於是，他情緒混亂地對正在浴室裡的美希咆哮道：「這是怎麼回事！」當人感到嚴重受傷時，會為了排解自己的痛，而試圖傷害對方。讓對方受到比自己更嚴重的傷害。

「這是什麼！」

他暴跳如雷地斥責美希道：

「妳給我說清楚！」

她一句話也說不出來。她不知道自己該說什麼。

「這一天終於來臨了。」

她腦中浮現的盡是這句話，她的心靈凍結成冰。剛沖完澡出來的她，只能頂著一頭溼答答的頭髮，毫無招架之力地聽著他不停地怒罵。

彷彿是在重現父親不斷怒罵她的那一夜。

美希只能持續接受傷害，而達哉愈是怒罵，自己也受傷愈深。祕密連結變成一個充滿傷害的地方。他們正在自我破壞、自我毀滅。

混亂

兩天後，美希前來諮商時，顯得憔悴不堪。她臉頰消瘦，皮膚粗糙，雙眼無神。她一次又一次地試圖敘述她與達哉之間發生的事，然後一次又一次地陷入抽泣。

她的精神已經不是處於一般狀態了。達哉鐵青的表情和無止境的咒罵聲在她腦中反覆重播，自己會被達哉拋棄的不安感，已將她吞沒。她自我厭惡到想死的地步，覺得自己可悲到了極限。過去的不安全感，如今轉變成強烈的孤立感與毀滅感，讓她整整兩天都無法闔眼。

「我不知道該怎麼辦。」

她呻吟著：

「好想死了算了。」

實際上，她真的好幾次想從大樓的陽台縱身而下。她表情呆滯地反覆說著：

「我好想消失。」

狀況十分危急。眼前的美希，似乎只要稍微用錯方式，都會讓她陷入萬劫不復之地。不過，她在這樣的狀況中還願意前來諮商，也讓我感到十分珍惜。那時候，美希是將自己最脆弱的部分攤開在我面前，向我求助。這是過去的她不可能做出的舉動。

總之，她需要睡眠。我暗忖道。她腦中正處於一片混亂，負面想法一個接一個地不停浮現。這種狀況下並不適合進行回顧或釐清。必須先讓腦中的混亂沉澱下來。等到之後再來思考。因此，她需要暫停工作，也需要借助醫療的力量。

我向她介紹了一間我認識的診所，勸她去那裡拿藥來鎮定焦慮情緒、幫助睡眠。我開出了「先休養，再處理問題」的處方箋。她必須先克服眼前的危機。

她拒絕了我的提議。

「我不要。我應該一開始就說過，我不想依賴藥物。」

她堅決的口氣，令我倒吸了一口氣。她的眼中燃起了熊熊怒火。

「我來這裡不就是為了不吃安眠藥嗎？」

我好像做錯了什麼。但諮商已是該結束的時間了，下一位個案馬上就要抵達。此時我無法和她繼續說下去。

「我明白了。那我們下星期再談吧。」

當時我一心只想把事情延續到下週。於是，她瞬間開啟了飯店經理的模式，用客氣而又極度冷漠的語調說：

「好的，悉聽尊便。」

話語中有一種帶刺的故意感。她不能接受我的做法。

結果，下週她並沒有出現。甚至沒有告知要取消。下下週也一樣。我感到強烈的不安。她該不會選擇自殺吧？從她當時的狀態來看，會這麼做也不奇怪。但更重要的是，當她伸手向我求助時，我沒有接住她的手，這讓我產生了強烈的罪惡感。

只不過，我同時也試圖掌握情勢，冷靜思考。再等等看，我必須冷靜下來。現在應該要借助時間的力量。我冷靜的那一面這麼說著。

我靜心等待著。收到她的電子郵件，是在過了三週後原本該諮商的時間。她將擅自沒來的這幾次諮商費用，以轉帳方式付清，並寫了一封單方面的通知，告知我要終止心理諮商。

雖然是商業書信般的文字，但字裡行間夾雜著憤怒。

我思考了一個晚上，才回覆一封簡潔的信。複雜的事，還是見面談比較好。

「謝謝您的來信聯絡。我明白您想要終止的想法了。只不過，我同時也覺得還是再見一次面，用說的比較好。誠心盼望您能考慮看看這項提議。」

開始心理諮商時，我和她簽署的合約上有一條是，要終止的時候，必須直接見面告知。這項約定就是為了發生這種狀況時而訂定的。我把期望押注在她還願意遵守那項約定上。

當天她就回信了。

「我明白了。我將會在同樣的時間造訪。」

內容十分簡短。

✚ 不成熟的關係

這時，發生在美希身上的是互相傷害。而且是異常痛楚的互相傷害。

先是達哉傷害了美希，那時他很明顯是有問題的。因為他利用美希來化解自己的窩囊感。我不得不說那是一種非常幼稚的態度。

達哉正處於人生不得志的時期。我想，他是希望有個依賴的。但他大概不知道這種時候恰當的依賴方式是什麼。

此時出現在他面前的，是無論什麼都願意接納的美希，於是他失控了。達哉將自己幼稚而不成熟的祕密的部分，毫不掩飾地向美希展現出來。

而此時，美希無法將自己感到受傷的事告訴達哉。取而代之的是，與其他男人約會。

這麼做很可能有兩種意義。

第一種是她可以藉此迴避與達哉的互相傷害。她透過和其他男人約會，短暫地忘卻自己對達哉的糾結感（她對待那些男人的方式，似乎就像達哉對待她一樣蠻橫無禮）。這麼一來，她就不需要和達哉正面攤開來說了。

更重要的是另一層含意。那就是這麼做的同時，也是對達哉的報復。透過背叛達哉，讓她達到報復的目的。

美希不想傷害達哉。但是她又想傷害達哉。

我想這是因為對她而言，達哉就是這麼特別的對象。憤怒是一種只有當你對對方有期待時，才會產生的情緒。如果對對方徹底絕望，認為對方絕對不會理解自己，那就只會產生「死心」的情緒了。

對美希而言，達哉並不是一個她可以拉開距離、結束關係的對象。

「對你來說，我真的是你珍惜的人？」

她想問的是這個問題。但她的做法也很不成熟，所才迎來了關係的結束。

祕密連結是危險的。彼此的關係愈特別，就愈是會用自己的創傷、軟弱、不成熟來對待彼此。當兩人共處在小船的密室中，原本被保密住的那些苦楚，都會毫不掩飾地衝著對方而去。

我們就是這樣介入對方的內心深處，也被對方介入自己的內心深處。人與人的關係就是這樣而愈來愈緊密的。然而，人們在這個過程中往往缺乏智慧。就像是她沒有將自己心中的糾結攤開來討論，反而是去與其他男人約會；就像是達哉變得如同她父親般的暴君。想要讓對方理解自己的某個祕密部分，竟是一件如此困難的事。

即使如此，我想，人與人產生緊密連結時，就是這麼一回事。因為我們是不成熟的，我們是不完整的，所以當我們試圖建立起緊密連結時，彼此的軟弱就會傷害到對方。緊密的關係是伴隨風險的。

你或許會心想，說不定不要擁有祕密連結比較好。

或許是如此。這個連結的故事，或許會再次以夢魘收場。或許這次會徹底擊潰美希。

但，或許不是如此。創傷的故事，或許會找到別種不一樣的美好結局。或許他們能透過互相傷害，重新建立連結。

這就是祕密連結最艱困的部分。

該出逃？抑或該留守？

只有美希和達哉才能給出答案。

當創傷的故事彼此交叉時

我在睽違一個月後見到美希時，她有別於前次的消瘦，臉上帶著完美的妝容，然而表情卻是劍拔弩張，壓迫感逼人。

一見面她就告訴我，她沒再和達哉聯絡，也與其他男性斷絕往來。然後快刀斬亂麻地說：

「那件事已經不重要了。」

「現在可以讓我終止諮商了吧？」

非常直截了當的口吻。彷彿想斬斷所有的關係。

「妳能和我說說妳想終止的理由嗎？」

「沒有說的必要。」

她說：

「我不需要了，如此而已。」

她憤怒得很安靜，且深沉。

「我覺得妳這麼做是有原因的。上次我勸妳去看醫生時，妳很生氣。我想我讓妳受傷了。這兩件事應該是有關聯的吧？」

我說完，她便深吸一口氣，雙肩顫抖。接著，壓抑不住的情緒排山倒海而來。

你已經把我惹毛很久了。你跟我說的話，常常抓不到重點。我跟其他人約會的事，我也不想聽你對我說三道四。即使如此，我還是忍下來了，一直都照著你說的去做。但你卻絲毫沒有發現我一直在忍耐。我不是曾經說過：「我自己沒有意識到，但說不定如你所說」？我說那句話的意思是「你錯了」！身為心理師，連這種弦外之音都聽不出來，會不會太扯了？你根本不懂別人的心理！我一直對你感到失望透頂。歸根究柢，我只是想要睡個好覺。我不想找另一半，也不想交什麼朋友。都是因為你才會害我變成這樣。現在睡也睡不好，工作也做不上心。我已經被你給毀了。我想回到過去的自己。即使如此，我還是一直在配合你，但最後的最後你卻叫我去看醫生，我徹底崩潰了。我不是說過什麼都好，就是不想依賴藥物！你根本沒在聽。花這麼多時間在這裡，結果一點用都沒有。全都是你害的！都是你害我變成這樣！全都是你的錯！所以我不想再做這什麼爛心理諮商了。一點用都沒有——

諮商室裡颳起了一陣狂風暴雨。她不停怒罵，不留一絲情面。我完全插不上話，只能一個勁兒地挨罵。

她說的話並沒有錯。我一邊聽著怒罵，一邊這麼想。我確實說過沒抓到重點的話，我也沒有好好理解她。我這才知道，我竟然對她造成了這麼多傷害。

我感到窩囊至極。我感覺自己是個廢物，花這麼多時間，卻只換來一敗塗地的結果。但我同時也感到了情非得已。這些說法太單方面了。因為我確實為我們的諮商投入了心血，這幾年美希對於自身的變化，也確實感到高興過。然而，這些想法我沒有辦法說出口。我完全不知道要怎麼說，才能讓她聽得進去。我的心臟彷彿緊急停止似的。

她怒吼，我語塞。這種單方面的對話時間，彷彿一直持續下去，永遠看不到盡頭。

就在此時，我突然察覺到一件事。

這不正是她一直以來所遭受到的對待嗎？

達哉單方面對她怒罵不停的那一夜。無處可逃地聽著父親破口大罵的那一夜。相同的狀況，只是換了立場，發生在她和我之間。如今我正在承受的，是她一路以來所承受的痛苦。

於是，我的心臟稍微跳動了起來，思考能力逐漸恢復。這時我才理解到上次的心理諮商時間，究竟發生了什麼事。

她來向我求助。我勸她去看醫生。我至今仍覺得這個判斷並非錯誤，只是我應該用更謹慎的態度對她。在諮商結束、沒有時間繼續對話的情況下，我不應該說那些話。站在她的角度，只會覺得我在逃避。是的，和那個當她被父親臭罵時，放棄責任，不肯伸出援手，躲進自己房間裡的母親一模一樣。

在罵聲隆隆的豪雨中，我親身體驗到她所生存的那個世界。

我現在正處在她的創傷的正中央。

美希所經歷的多個創傷的故事，層層疊疊地交叉，交織出此時此刻這麼痛楚的時間。我不就是為了幫她替人生中不停重複的這個故事，找出不一樣的結局，才開始這場心理諮商的嗎？

這裡我一定要站穩腳步，絕不能輕易離開。

為此，首先我必須跳脫出這個單方面的關係。這正是她一直無法做到的事。一直以來，她都是單方面地提供服務，單方面地被人破口大罵。無論是對父母、對達哉，還是對我，當她受傷時，都無法跟對方討論這件事。這就是問題所在。

當我終於釐清到這裡時，她向我討要結論。

「現在可以讓我終止了吧？」

不留情面的口吻。

機會只有現在。我開口道：

「妳想要終止的想法，我確實聽到了。我現在明白我害妳遭受到多麼大的痛苦了。我很對不起。」

我先是向她道歉。這些是真心話。接著，我又追加：

「……即使如此，妳還是用 E-mail 跟我聯絡，今天也像這樣來到這裡。」

暴風平息，時間靜止。美希僵直在原地。她沉默了半晌，視線從我身上飄走，最後向上仰望。

不知經過了多久時間。她「呼」地喘了一大口氣，身體往沙發上一靠，癱軟無力地說：

「其實要結束很簡單，只要不回答，神隱就行了。」

「是的，正是如此。」

「……我早就知道了。當我寄出 E-mail 那一刻，我就知道這下不可能終止了。」

「我也是這麼想。」

我們四目交接。藏在她眼裡的不是憤怒，而是悲傷。

「我認為，想結束也是妳真正的心情。但有不想結束的心情，也是真的。我想，妳或許妄想要讓我明白妳被我傷害的事，所以今天才會來到這裡，像這樣對我發怒。」

心靈不止一個。憤怒的反面存在著希望，這份希望正是眼前的她所懷抱的祕密。

她再次陷入沉默，然後好不容易擠出一句：

「我想再跟他說一次話，向他道歉。」

她忍住淚水繼續說道：

「我做了那麼過分的事，還有這個可能嗎？」

「我不知道。」

我不知道實際上會發生什麼事。但我說出了最想對她說的話：

「但我認為，妳擁有這樣的心情，是十分可貴的。我認為，妳正在打破以往，想有一個新的嘗試。」

她咬著嘴唇，微微點頭。至少我們之間似乎還能繼續對話下去。

和好的時間

雖說如此，接下來的過程完全稱不上是一帆風順。那是一段荊棘之路的時間。發生了許多難受的事，美希和達哉經歷了互相傷害的時間。他們之間的劇烈摩擦，擦撞出陣陣火花。而這樣的摩擦逐漸為他們的心靈重塑出新的形狀。

美希先是重新聯絡達哉。我想再見一次面，跟你談一談。她這樣告訴達哉。意外的是，達哉一口答應了。第一次的見面對話，結果是辛酸的。看到手機來信時的回憶畫面反覆浮現，他腦中一再「閃回」（flashback），而無法好好跟美希對話。他因為美希的背叛而深受傷害。那次見面又再次成了他咆哮怒罵的夜晚。那些怒罵實際上都是達哉淒厲地哭喊著：「妳對我真的有感情嗎！」

美希當然也受傷了。即使如此，她仍沒有放棄。賠罪的同時，她也說出了自己當時的心境。

「你說的話傷害到我了。其實我很討厭你那樣。」

她說出了過去從未說出口的祕密。

那時的達哉無法消化美希的話。他感覺到的是，美希在攻擊他，所以他以怒罵作為回擊。

即使如此，他也並未中斷兩人的對話。因為有些東西他聽進去了。

解決不了的事，被推遲到了下次見面。而下次見面還解決不了，就再推遲到下下次。「下次」之後還有「下次」。還有餘地推遲到下次，就表示兩人打算重新建立連結。雖然誰都沒有說出口，但他們都明白這一層含意。

與達哉對話的同時，美希也持續透過諮商與我對話。絕望、悲傷、憤怒、希望……我們談到了各式各樣的想法。她也向群組的同伴們坦承這一連串的事件。同伴們十分吃驚，但都接納了她誠摯的想法，因而為她擔心，並在背後支持著她。

在穿越祕密連結所帶來的痛苦時，安全的分享連結能帶來很大的幫助。獲得充足的照顧後，才有力氣面對創傷。

花了很長的時間。也只能給自己時間了。當一個人是在獲得照顧的狀況下，面對創傷的話，時間就會帶來治癒。時間之流具有一種深沉的力量，能沖淡痛楚，將心念轉化為語言。

美希終於能放下ＰＤＣＡ循環和飯店經理的身分了。她在「去做事」的當下，依然能正常發揮那些能力，但在「去愛」的世界裡，她學會了解除武裝。她學會如何坦率說出自己的軟弱與創傷。即使那些話無法取得達哉的理解，她也能讓自己堅持留在關係中，直到達哉理解為止。

達哉也產生了一點點改變。若要說明這微小的變化，又將會是另一篇長篇故事，所以此處就暫時保留了。他似乎也在為自己的夜海航行掌舵。

無論如何，時間逐漸改變了他們。兩人逐漸被琢磨成能夠共同相處的形狀。

那段滿是創傷的日子，並沒有憑空消失。但他們回想起的頻率慢慢減少，即使想起了，也不再是他們承受不了的痛楚。創傷不會消失，但能夠舒緩。於是，心靈變得能與創傷共存。

他們像這樣重新習慣彼此的同時，也創造出愉快的相處時間。被暫停在那一夜的時間，又慢慢開始轉動了起來。

接下來就是快速轉動了。彷彿要補回過去那段空白的日子般，時間快速前進。

他們一次又一次地共餐、一同外出。他們聊了各式各樣的話題，有深刻的對話，也有劍拔弩張的對話。他們之間有無謂的閒聊，也會報告開心的好消息。當然也會再次深深傷害彼此。

但每當傷害之後，他們都能給彼此時間，重新和好。

隨著這樣的時間不斷積累，某天，他們決定要兩個人住在一起了。試著同居，看看會發生什麼事。先觀察狀況，再思考今後要怎麼做。這是兩人討論後共同做出的決定。不知不覺距離那一夜已經過了一年半的時間。

啊，最後的部分或許過於簡化了。

但我想，還是這樣就好。

因為那裡所存在的是他們的祕密連結。

那裡有著許多只有美希和達哉彼此才知道的事。只屬於兩人的創傷、悲傷，以及喜悅。那些是他們緊密連結在一起的證據，是他們兩人的財產。那些事物，身為局外人的我們只能自行想像、自行腦補而已。

我覺得這樣就好。所謂祕密連結，就是這麼回事。

美希和達哉的新家，距離我的心理諮商所，頗有一段距離。兩人的同居對她而言是一個很大的新段落的起始。

因此，我們決定趁著這個機會，為我們的心理諮商畫下句點。雖然這是出於她自己的意願，但她看起來還是有些不安，也有些捨不得。不過，她同時也覺得，只要是和達哉在一起，兩人就一定能前進下去。今後恐怕也會發生問題，但每當問題發生時，我們一定能互相對話，一同克服難關。她有這樣的預感。

持續了四年半的心理諮商的最終回，外頭下著滴滴答答的小雨。她約好在我上午的第一個諮商時段，從她剛入住的新家那邊過來。

眼看時間已經到了，門鈴卻沒有響起。自從那次她在地下鐵嘔吐之後，就不曾發生過這種狀況。最後，她遲到了十分鐘。不知發生什麼事了？我擔心了起來。

但那天，她的馬兒帶到我面前的，不是身體不適的她。

「怎麼了嗎？」

她露出靦腆的表情。或許是因為起風了，烏雲飄遠，散去。太陽露出臉來，陽光從窗簾的縫隙照射進來。她露出淘氣的笑容說：

「我不小心睡過頭了。」

聽到這句話，我也跟著她笑了起來。

Part

6

守護心靈的方式不止一種

舒暢與糾結

在糾結了一段時間後，創傷被消化，因此長出了深度，形狀也產生了些微的改變。消化是一件痛苦的事。然而，有時它「也」會產生出美好的事物。

雲開霧散，明月高掛星空。海風仍略顯強勁，星星在天上閃爍。

你看，大海的彼端。微弱的天光從厚重的夜幕底端穿透進來。

黑夜即將結束。看起來我們確實在向著早晨的方向前進。

好不容易生存下來了呢。

能挺過暴風雨，真是太好了。

小船已是滿目瘡痍。小船的各個角落都在滲水，最慘的地方連木板都翹了起來。

在這種狀況下，繩索還好端端的沒被扯斷，真是奇蹟。

原以為你的小船已報廢，你看，它正在那兒浮沉呢。看來即使在那場暴風雨中，我們的小船也都一直相互連結著。

這只能說是僥倖了。

請回到你自己的小船上吧。

船上載著工具和為數不多的木材，但應該至少能做一些應急的修復。

目標就在眼前，我們最好補強一下快要壞掉的地方，至少讓小船能在風浪中守護我們的安全。

然後，脫去溼答答的衣服，換上新的襯衫吧，否則會感冒。

夜海航行中最重要的事，就是保護好自己。

此處有狂風、有暴雨、有驚濤駭浪，還有來自他人的攻擊，夜海航行中可能會對我們造成傷害的事，多不勝數。

對此，我們不能毫無防備。準備好齊全的裝備，讓自己在一定程度的侵襲下，仍能處之泰然。

你也看過了那種互相傷害的關係，我想你一定能夠理解。在夜海航行中，只要一不小心，就能讓心靈徹底被摧毀。所以，我們有必要學好守護心靈的方法。

嗯，剛好可以趁這段時間。

因為一路以來狀況層出不窮，所以到此為止，我們還來不及談到守護心靈的方法。在夜海航行抵達終點前，讓我們一起來思考一下這個問題。

別緊張，輕鬆以待就好。暴風雨已經過去了。

海面平穩，白色蝴蝶正優雅地朝曙光飛去。海潮似乎也正朝那個方向推進，所以我們暫時只要隨波逐流就好。

一邊修理小船，晾乾溼透的衣服，一邊將這段旅程尚未做完的功課做完吧。

這段旅程只差最後一哩路了。美麗朝霞一定會在前方迎接著我們。

✚ 心靈會擅自運作

先來說個寓言故事。

伊索寓言中的〈狐狸與葡萄〉。

事實上，日本全國的心理系，談到守護心靈的方法時，都會用這個故事來解釋。

空著肚子的狐狸發現一棵高大的樹木上結著葡萄。看起來好好吃，好想吃啊。狐狸朝著葡萄跳起，但好傷心，牠沒搆著。即使如此，狐狸還是反覆地向上跳。但就是搆不著。眞不甘心。狐狸漸漸感到生氣起來。「我這一生可是從來沒有變身成人類騙人，又都遵守著道德規範，你這棵葡萄樹，是在跟我開什麼玩笑！」

狐狸意氣用事地反覆跳躍。牠漸漸感到悲傷起來。

「自然界也太過殘酷了吧？」

牠流著汗，腰腿也痛了起來。不可能搆得著的。當狐狸這麼想的瞬間，牠突然切換了心情。

「不對，搞不好這些葡萄很酸。」

當牠這麼想時，精神又恢復了。

「啊，幸好我跳得不夠高。讓我躲過一劫，沒吃到那些酸葡萄。」

這會兒，心情大好的狐狸一邊吹著口哨，一邊離開葡萄樹。

狐狸成功地守護了牠的心靈。

牠透過認定「那些葡萄很酸」，成功將得不到葡萄的創傷，從心靈中一掃而出。

或許你會想說「這傢伙頭腦也太簡單」。但可別瞧不起狐狸，因為生活中，我們也一直在用相同的方式，守護著我們的心靈。

工作面試不順利時，就想說「那間公司絕對是血汗企業」；被喜歡的人拒絕時，就想說「反正交往了也不會順利，被拒絕就算了」。類似的經驗你一定也有過，這種時候你和狐狸是一樣的。

這種守護心靈的方法，心理學稱之為「合理化」。

這種方法就是找個理由，為自己撫平創傷。當然，守護心靈的方法很多，不止這一種，重點是我們在面對創傷時，心靈會擅自運作。

✚ 什麼是性格？

要想守護心靈，既無須刻意施展魔法，也沒必要報名昂貴講座、學習心理學技巧。守護心靈是心靈平日會全自動執行的工作。

現實中，那隻不幸的狐狸在面臨危機時，並沒有硬是告訴自己「我得要守護心靈！對了，那些葡萄一定很酸！」而是當牠知道得不到葡萄，開始感到痛苦的瞬間，狐狸的心靈就會擅自開始想說：「那些葡萄一定很酸。」

所以狐狸並非只有在吃不到葡萄的時候，包括在牠自以為聰明卻上了狸貓的當的時候，在牠被迫嫁給自己不喜歡的狐狸時，很可能也會使用合理化。這是狐狸的心靈會擅自產生的作用。

我們的心靈也是一樣。心靈隨時都會為了守護自己而擅自運作。這是全自動的系統，並不需要透過我們打開或關上。

看到我這麼寫，說不定有些人會說：「唉呀，這種人真可憐，我可是無論何時何地都很直率的。」但非常不好意思，我個人認為，「直率」也是一種守護心靈的方法。

畢竟，這樣的人肯定也是歷經反覆嘗試，在錯誤中不斷摸索，才找到「直率」這條路的。原本試圖處理傷口不成，最後才發現乾脆保持「直率」。也就是說，對這樣的人而言，不強迫自己守護心靈，才是剛剛好的守護心靈的方式。

有些人是泰山崩於前而色不變，有些人是一遇到事情就驚慌失措。有些人是什麼事都要替它找到一個理由，有些人是停止思考讓腦中一片空白。有人可能一點小事就勃然大怒，有人可能一點小事就哭哭啼啼。

這些就是我們用來守護心靈的方式。

我相信，你一定也有你常態性的做法。這種固定的行為，我們一般稱之為「性格」。

✚ 恰當的心靈守護法和不恰當的心靈守護法

問題在於，當同樣的做法對應不同情況時，有時它能成為恰當的心靈守護法，有時又會淪為不恰當的心靈守護法。

如果無論何時都只能用相同的方法守護心靈，會讓我們活得十分艱辛。錯誤的心靈守護法，反而會讓事態變得更糟。根據狀況改變守護心靈的方式，即使只是小小的改變，也能帶來莫大的幫助。

既然如此，各種不同的心靈守護法，又分別是在哪些狀況下有益，哪些狀況下有害呢？

這裡我想畫一條輔助線。守護心靈的方法千變萬化，我們不妨先一刀切成兩半。我想藉此和你一起思考，現在的你需要的是什麼樣的心靈守護法。

來喲來喲，走過路過千萬別錯過！

我們的心靈守護法到底分成什麼和什麼？

暢快揮灑、一筆到底，畫出一條輔助線。

一陣煙霧團團升起，剎那間煙霧之中出現了舒暢與糾結。

他們到底是誰？

＋舒暢與糾結

一個是透過舒暢來守護心靈的方法；另一個是透過糾結來守護心靈的方法。

看我這麼寫，你可能會想說：「啥？舒暢我還能理解，怎麼糾結也是守護心靈的方法？」

會這麼想也很有道理。

我們來回想一下：平常哪些時候，我們會感到舒暢？將滿腹牢騷傾洩而出會感到舒暢。狠甩另一半會感到舒暢。完成一個段落的工作會感到舒暢。

舒暢的感覺很好，人會變得神清氣爽，精神煥發。所以我們覺得，內心舒暢的時候，可以讓心靈得到有效的守護。

反之，平日又是什麼時候會令我們感到糾結？對主管的判斷感到糾結，對另一半的言行感到糾結，對看不到前景的工作感到糾結。

糾結令人不快。當內心糾結時，我們會感到不舒服。

因此，舒暢與糾結相比，看起來舒暢是守護心靈的方法，糾結則是心靈沒有得到守護的結果。打個比方，糾結就像是累積在心中的有毒氣體，一旦排出這些有毒氣體，我們就能感到舒暢。

然而，事實並非如此。舒暢和糾結，兩者都是守護心靈的方法。

舒暢是將創傷「逐出心靈」，反之，糾結則是將創傷「囤積在心中」。雖然方向是完全相反的，但兩者都是我們在創傷發生時的應對方式。

為何將創傷囤積在心靈中，算得上守護心靈的方法呢？

為了思考這個問題，我們先來看看，我們的心靈是透過什麼樣的運作機制得到舒暢感的？

✚ 心靈的排泄

我們平日經常在使用「舒暢」。豈止是經常使用，根本是用個不停，有些人甚至可能到達亂用的地步。

現代是一個追求舒暢的時代。市場上研發、提供各式各樣令人得到舒暢的服務，我們也一窩蜂地砸錢購買舒暢。

最具代表性的就是紓壓。唱ＫＴＶ、吃便利商店的甜食、大家聚在一起聊天，你應該也有各種讓自己感到舒暢的方法。

不僅如此，「舒暢」充斥在我們的周遭。

比方說，將糾纏不清的人際關係快刀斬斷，會得到舒暢感。聽知名人物一語中的地道破自己的問題點，會得到舒暢感。將家中不需要的東西斷捨離，會得到舒暢感。透過自我成長書籍，簡化自己的想法，變得正面思考，會得到舒暢感。

還有合理化也是。認定「那些葡萄一定很酸」後，狐狸得到了舒暢感。

等一等。你不覺得很神奇嗎？唱ＫＴＶ和斷捨離明明是截然不同的行為，但它們同樣都能讓我們的心靈舒暢，心靈裡到底發生了什麼事？舒暢究竟是什麼？

在思考心靈舒暢的機制時，我們可以參考的是，身體舒暢的機制。

身體可以透過各式各樣的方法來得到舒暢。上健身房讓自己流汗，會感到舒暢；泡熱水澡會感到舒暢；瘦下來會感到舒暢；把喝太多的酒吐出來，會感到舒暢；上完廁所感到舒暢。

這些行為的共通點就是，將體內不需要的東西排出體外。

換句話說，就是流汗、洗去髒汙、減去脂肪、吐出酒精，當然還包括老廢物質的排泄。

沒錯，舒暢就是排泄。我們的身體只要能順暢排泄，就會變得舒暢。

與此類似的作用也發生在我們心靈中。

我在前面說過，舒暢是「將創傷逐出心靈」。換言之，當我們感到舒暢時，我們的心靈正在排泄。

紓壓就是將累積的壓力排泄出去；清理人際關係就是排泄掉已不需要的關係；斷捨離則是將不需要的東西從家中排泄出去。

正如便祕太久，身體狀況會出問題；心靈若沒有定期將老廢物質排出，以得到舒暢，心靈問題也會出狀況。

✚ 舒暢時就能做自己

若是如此，那心靈到底排泄了什麼？

關於這一點，也可以用身體作為比喻。

剪頭髮會感到舒暢，剪指甲會感到舒暢，洗去汙垢會感到舒暢，治好便祕也會感到舒暢。

當那些依附在我們身上的「不是自己的東西」消失後，我們就會感到舒服。

心靈的排泄也是一樣的。

仔細觀察得到舒暢之前的心靈，就會發現它正在被「非我」糾纏。

比方說，辭去工作而感到舒暢時，應該就是因為當我們在那個職場工作時，覺得自己「不像自己」。對討厭的主管偽裝成唯唯諾諾的樣子，總是被交付那些大材小用的工作。

當我們揮別這樣的職場時，就能同時揮別那個不像自己的自己。

或者自己的一舉一動、一言一行都會被另一半指手畫腳、加以限制時，把另一半甩掉就會感到舒暢。因為我們能切除掉試圖把我們塑造成不是自己樣子的那個人。

當我們被迫成為「不是自己的樣子」時，我們就會受傷。聽到難以接受的事時，我們會受傷；被逼著去做自己不同意的事，我們會受傷。被他人擅自決定我們的生活方式，更是糟糕至極。

然而，遺憾的是，要在這個社會裡生存，就必須在一定程度上，接受自己身邊圍繞著不是自己的東西，接受自己會被塑造成不是自己的樣子。

無論是在學校、在職場，若能保持「原本的自己」當然再好不過，但環境卻不允許我們如此。我們不得不配合每個場合的要求，時時刻刻製造著非我。

於是，非我在我們的心靈中不斷增生。不知不覺中，自己的人生已經變得無比虛偽。

所以，有時候我們需要將增生過頭的非我排泄掉。

沒錯，舒暢就是找回「像自己的自己」的心靈守護法。

✚ 加倍奉還

舒暢並非萬靈丹。用舒暢守護心靈，也有缺點，而且至少有兩項缺點。

第一項是，感到舒暢的事物終將掉頭過來傷害到自己的風險。

因為舒暢就是排泄，所以我們會將當下存在於心中的糾結，排放出去。如果是身體的排泄，那麼排泄物就會從馬桶流入汙水下水道，消失得一乾二淨。但心靈的排泄可沒這麼單純。

請你回想一下，你在當別人的心情垃圾桶時，是什麼樣的狀態。

當然也有可能完全感受不到任何負擔，但一定也有的時候，你會感到愈聽愈疲憊。

比方說，對方把職場上的同事，說得其糟無比。剛開始你會同理對方說「那人也太差勁了」，但是同樣的事一次又一次地發生，或者超出某種程度的時候，你或許會開始感到糾結，心想：「你不覺得你自己也有點自私嗎？」

此時，對方或許因為排泄掉了糾結，得到了舒暢，但你卻必須代替對方變得糾結。

是的，糾結是會移轉的。舒暢地排泄掉的糾結會轉移陣地，住進別人的心中。

這件事本身並非壞事。

因為糾結可以移轉，就代表著我們可以為彼此分擔糾結。自己狀態不佳時，就把糾結暫存在別人那裡。下次當自己的狀況良好時，就暫時幫忙保管別人的糾結。這種一來一往就是人際關係的本質。

問題出在沒有餘力分擔他人糾結的時候。這時候，我們的心靈存放不下糾結，為了守護自己的心靈，我們就不得不把自己接收到的糾結，排到某個地方，以獲得舒暢。

這時如果有人向你發牢騷，或許你就會再找另一個人，向他發牢騷道：「那傢伙竟然說出這種話吔！」流言傳來傳去，說不定一開始發牢騷的當事人會失去在他人眼中的好感度，結果他或她的處境反而變得更加艱難。

不，有時還會產生更直接性的報復。如果對方每天都用LINE傳來大量的牢騷，說不定你會開始感到糾結，想說：「為什麼不能替我想想?!」最後甚至向對方說出：「我聽得好累，拜託你暫時不要跟我聯絡了。」

過度令自己舒暢是挾帶風險的。排泄出去的糾結，循環了一圈之後，又會回到自己身上。屆時，糾結不是單純地出去又回來，而是會增生，也就是所謂的「加倍奉還」。如果你被迫感到的糾結有多少，就想排泄掉多少的話，利息就會愈滾愈大，這就是這種心靈守護法的特徵。

日本有句諺語是「夫妻吵架，連狗也吞不下」。古人還真會比喻。平日為了一些煩心事而感到糾結，就去挖苦另一半，讓自己內心得到舒暢。但這下子，變成對方感到糾結，所以又責備回來。自己的糾結被對方退貨，於是這次為了再度出貨，又說出更重的話。然後，下次對方提高音量回擊——事態益發嚴重，最後連什麼都吃的狗，也吞不下夫妻的吵架，寧可餓著肚子逃出去。

✚ 苦口良藥

舒暢還有另一項缺點。

當我們獲得舒暢時，被排泄掉的不只有老廢物質，還包括能成為心靈養分的物質。

有太多事情是，最好能排泄出去、換來舒暢。比方說，心懷惡意的泛泛之交對你的說教，當然是排泄出去，換來舒暢最好。或者，出於嫉妒的忠告也是排泄掉最好。認真吸收對方說的那些話，只會讓你的心靈愈來愈無力（或者應該說，擊潰你的心靈就是他們的目的）。吃到有毒物質時，將其排泄出去，換來身心舒暢才是上上策。

但，我們為了換來舒暢而排泄掉的東西，對心靈而言，未必都是無用之物。

恩師給的逆耳建議，如果一股腦兒地排泄掉，那就太可惜了。那些話語或許會令你感到受傷，但如果你能認真糾結一番，說不定會帶給自己成長。

或者，對自己過去拋棄了當時的戀人感到後悔，也是一個很好的例子。

為了換來無事一身輕的舒暢而提出分手，但事後才漸漸意識到「再也遇不到像他（她）那麼好的人了」。於是，打電話給對方說：「讓我們重新開始吧。」對方卻回答：「對不起，我已經有喜歡的人了，請你不要再打來了。」（真正的加倍奉還）

為了得到舒暢，我們排泄出去的不只是老廢物質，還包括苦口良藥。你人生中的養分，也隨著排泄物流進了汙水下水道。

過度讓自己舒暢，會讓我們愈活愈憔悴。

因為營養成分會跟著老廢物質，良藥會跟著毒藥，一起被我們排泄掉。

當我們為了舒暢而排泄掉過多人際關係時，就會變得孤獨，當我們太過做自己時，心靈就會變得貧瘠。過於簡化的心靈，沒有餘裕。

舒暢雖能守護心靈，但在某些時刻、某些狀況下，反而會損害我們的心靈。

既然如此，我們在什麼時刻可以選擇舒暢，什麼時刻不行呢？

這個提問正是我們必須思考的關於心靈守護法的核心部分，但要回答這個問題，還必須先來看看另一種心靈守護法。

是的，輪到糾結登場了。

✚ 心靈的消化

糾結在現在十分不受歡迎，因為它讓人感到不舒服。內心糾結的時候，我們會感到不快，感到痛苦。

而且，糾結之所以不受歡迎，很可能也是孤舟化帶來的結果之一。

要穿越一片充滿風險的汪洋，就不能讓小船承載多餘的東西。所以，我們儘量不想讓自己糾結，我們想把不要的逐一清空，讓自己變得舒暢，變得無事一身輕。

但實際上，糾結也有守護心靈的效果，這點十分重要。糾結雖然令人感到不快，但「也」會為我們帶來好處。

因為，相對於舒暢是在排泄創傷，糾結則是我們的心靈正在消化創傷的時候。

比方說，狐狸如果沒有利用合理化的方式，使自己感到舒暢的話，吃不到那些令人垂涎欲滴的葡萄，就會令他感到不甘心，對自己的跳躍力不足感到悲傷。雖然這個時候狐狸可能會陷入沮喪，但這表示此時此刻牠正在接納並消化自己吃不到葡萄的事實。

同樣地，求職不順時，如果我們哀嘆懊悔自己實力不足、準備不足的話，就表示當下我們的心靈正在努力消化這令人感到悲哀的結果。

這段時間確實很難受。我們必須面對自己無法得到的事物、失去的事物，必須承受喪失的痛楚。

然而，如果我們能順利地消化掉這些情緒，就會帶來變化。

狐狸因為對自己的沒出息感到懊悔，所以他會為下次要摘到葡萄而絞盡腦汁，或許他會訂購一把高枝剪。因為對求職失敗感到懊悔，我們才能夠知道自己當下的力量，努力補強過去沒做的事，並改變自身的態度。如此一來，或許我們就能找到什麼工作最適合當下的自己。

是的，糾結能讓我們的心靈產生變化。

✚因糾結而產生改變的事物

無論是身體的消化，還是心靈的消化，都是一件很神奇的事。消化能將自己以外的事物，在不知不覺中變成自己的一部分，就像是魔法一般。

原本和自己無關的豬肉、番茄或萵苣，在消化結束後，就會變成我們的肌肉、我們的脂肪、我們的血液。

一件困難的工作或一句另一半戳傷人的話，雖然會在當下那間傷害我們的心靈，令我們痛苦，但若是能加以消化，就會變成我們的一部分。於是我們便能達成過去無法達成的工作，和另一半能比過去相處得更融洽。

這就是舒暢和糾結的對比之處。舒暢是將非我排出體外，讓自己恢復像自己的樣子；糾結則是溶化非我，將其變成自己的一部分。糾結的作用，世人一般稱為「成長」或「成熟」。

不僅如此，我們所糾結的事物本身也會發生變化。糾結不但會讓消化者產生變化，也會為被消化者帶來變化。

從心靈的角度來看，就意味著創傷本身會逐漸發生變化。

從事心理諮商的工作，經常會被問到一句話：「明明無法改變過去，卻還要一直談論，這樣有意義嗎？」這是曾在過去留下嚴重創傷的人會問的問題。確實如此。過去的事實本身不會改變，再怎麼談論，失去的東西也不會回來。

但這就是心靈的神奇之處，糾結於過去的那段時間，有時能使過去的意義和質感慢慢發生變化。

曾經接受過的來自他人的猛烈攻擊、自己過去犯下的羞恥的錯誤、以前只要一想起就會氣到發抖的回憶，這些都會因為消化，而慢慢和緩下來。栩栩如生的記憶漸漸褪色，而開始能將它置於心上一段時間。

在消化的過程中，或許我們會發現自己也有不對的地方，因而能饒恕那個可憎的人；有時我們會想起當時自己已經全力以赴，於是終於能夠原諒自己。

我想，創傷的痊癒就是這麼回事。創傷本身並沒有消失，但在糾結了一段時間後，創傷被消化，因此長出了深度，形狀也產生了些微的改變。

消化是一件痛苦的事。然而，有時它「也」會產生出美好的事物。

✚ 若是毒藥，立刻吐掉

想當然耳，糾結也有缺點，而且是重大缺點。

因為，雖然順利消化糾結，就會帶來成長，但有時糾結也可能演變成致命傷，讓心靈破損到無法重振的地步。

畢竟，我們有可以消化的東西，也有不能消化的東西。雖說糾結能使自己改變，但一個人能夠改變的範圍是有限的。

這就是糾結的痛苦之處。

公司主管的嚴苛要求，如果經過努力可以達成，那糾結或許就會帶給我們成長；但如果是無理要求，根本不可能達成，那我們愈是糾結，自己就會愈來愈不對勁。

和另一半的關係也是如此。如果兩個人能一起糾結，一起改變的話，那就可以糾結；但如果對方是喜歡單方面操縱，或者有暴力傾向的人，那麼糾結到最後，只會扼殺我們的心靈。

毒藥被消化後，就會變成致命傷。因此，遇到毒藥，我們必須迅速吐出，讓自己身心舒暢。

只不過，要判斷是不是毒藥，真的非常困難。

自己正在消化的事物是毒藥，還是良藥？身處在漩渦之中的我們，是無法看清的。社會上有很多原以為是一般家庭常見的父母，結果卻是「有毒」父母的例子；也有不少原以為是惡劣人師，實際上卻是不斷在暗中支援學生的良師的例子。

那份糾結究竟有沒有糾結的價值，往往需要透過時間來證明。

如果因為這樣，就按兵不動，暫時先觀察情況的話，說不定毒藥會在這段時間內跑遍全身上下。說不定是緊急事態，刻不容緩。

和舒暢一樣，問題依然在此：

我們究竟何時該糾結？何時不該糾結？

✚ 心靈是由他人來守護的

讓我來做個統整歸納。

舒暢是將創傷排泄到自己外部，讓自己變回像自己的樣子。

糾結是將創傷留在自己內部，進行消化，並藉此讓自己成長。

正如大家所知，這兩種方法都很重要。當舒暢與糾結能夠均衡運作時，就能守護我們的心靈。

一味讓自己舒暢，心靈就會瘦成皮包骨；光是讓自己糾結，心靈就會脹到要撐破。只要吃了東西，我們就需要消化，也需要排泄。無論缺少哪一個，心靈和身體都將無法有效運作。

問題是如何分清個別狀況，做出決定。

何時該讓自己舒暢？何時該讓自己糾結？或者，何時不能讓自己舒暢？何時不能讓自己糾結？在判斷時，我們該以什麼為標準？

我們該拿什麼當作羅盤，守護我們受傷的心靈？

這段旅程已接近終點，所以我就開門見山地說吧。

答案是他人。

你周圍有多少人有餘力暫時為你分擔糾結？

這就是我們的羅盤。

周圍的人有餘力和你一起承擔糾結時，你就可以讓自己舒暢。你的糾結會暫時由某人幫你保管。負擔減輕了，我們就有餘力為自己重整態勢。若能如此，再好不過。有餘力後，我們也可以重新面對該糾結的問題，讓自己好好糾結、好好消化。

相反地，當周圍的人沒有餘力時，如果你為了守護心靈，而讓自己暢快，反而會將自己陷於危機中。因為周圍的人無法承擔你的糾結，所以糾結會加倍奉還，最後糾結在繁殖增生後，回彈到你身上。這種狀況下的舒暢，恐將使你受傷。

如此說來，在這種狀況下，我們只能一個人默默糾結嗎？不，不是這樣，這樣更加危險。在擁有實在連結的狀況下糾結，才能讓你產生變化；在孤立無援的狀態下一個人糾結，只會演變成致命傷。

當周圍沒有他人能依靠時，無論你選擇舒暢，還是選擇糾結，都無法守護你的心靈。在這種情況下，你該採取的行動既不是讓自己舒暢，也不是讓自己糾結，而是向他人求助。

我們往往會以為自己的心靈要由自己來守護，但我認為，心靈其實是需要讓他人來為我們守護的。真正的順序是，先有了他人的堡壘，自己再去做自己辦得到的事。

當然，你或許會說，要找到能夠依賴的他人，不正是最困難的事嗎？你說的或許沒錯。當我們愈是走投無路時，愈會覺得周圍沒有可以信賴的他人，甚至每個人看起來都像敵人。

然而，這也有可能是因為，你把你周圍的世界看得比現實殘酷。

畢竟，你不覺得被別人依賴是一件滿開心的事嗎？而且當我們幫助到別人時，也會覺得快樂。當我們幫助他人時，該行為本身就可當作對該行為的報償。我想，這件事你應該也很清楚。

即使內心清楚，當自己要去依賴他人時，卻會害怕給對方造成困擾，或讓對方感到厭煩。這是相當不幸的事。

所以，鼓起勇氣發出ＳＯＳ的訊號吧。人在接收到他人的求助，被他人尋求指引時，往往比我們所想的更願意回應對方。當然，或許他們能為我們做的事有限。但光是知道有人願意為自己分擔痛苦，就能成為支撐我們心靈的力量。

或許你會說我太過樂觀，但身為一個心靈的臨床學者，我的切身之感依舊讓我這麼相信。

因為很重要，所以再說明一次。

該選擇舒暢，還是選擇糾結？對於這個問題，答案取決於你周遭的人。

當你確定身邊有他人能支持你時，如果還是不知道該選擇哪種方式守護心靈，那就舒暢在先，糾結在後。

這跟前面的分享與祕密一樣。不知道自己吞下去的是毒藥還是良藥時，最好的辦法就是提防毒藥的可能性，先讓自己舒暢再說。

真正該糾結的事，無論你再怎麼讓自己舒暢，它也會不停追著你跑。先確認有人能支持自己，調整好態勢，等你的力量回復後，再面對糾結即可。守護心靈就是這麼回事。

✚ 港口就在眼前

好，修理完畢。雖然看起來七拼八湊，但作為應急措施，已十分足夠。

你看，東方的天空已開始泛橘。夜晚即將結束。看來我們的航行，也抵達終點了。

朝霞映襯出了一道巨大的水閘門，你看見了嗎？

許多船隻都從那裡進進出出，有小船，也有大船。哦，之前我們遇到的四艘處方船也在那裡，看起來還是這麼強而有力。

過了水閘門，應該就能看到港口，看到市街。即使從這裡，也能感染到那股充滿活力的朝氣。

白蝴蝶飛到水閘門的另一頭去了，彷彿正在引領著我們。

來吧，衝破終點線。雖然還有些依依不捨，但為旅程確實畫下句點，也是一件重要的事。讓我們穿過水閘門，接受他船船員的祝福吧。

咦？

蝴蝶飛回來了。是刻意出來迎接我們嗎？

怎麼了？好像不太對勁。

蝴蝶愈來愈大。牠的翅膀在擴大，腳和身體在膨脹。顏色產生了變化。外皮一邊發出嘎吱嘎吱的聲響，一邊破裂……哇！這是怎麼回事？

巨大的身體從天空向海面墜落。伴隨著轟然巨響，濺起一陣水花。

一身白底黑點的斯芬克斯，堵在水閘門前。

Part
7

幸福不止一種

正面與負面，以及純粹與不純

這個世界上，存在著各式各樣的他人。其中，有些人可能對你惡意相向，有些人可能對你的痛苦視若無睹。

然而，這不是全部。一定「也」存在著抱持善意的他人。一定「也」存在對你的困境無法置之不理的他人。

「你幸福嗎？」

斯芬克斯提問。牠搖晃著白底黑點的身體，佇立在水閘門前，故弄玄虛地笑著。

「你現在幸福嗎？」

啊，這是遠古的怪物，牠會攔住旅人的去路。

似乎有時能在希臘發現牠的蹤跡。牠會趴在道路中央，出謎語讓路人猜，猜不中就會被一口吃掉。

正常的斯芬克斯會問：「什麼動物最初四條腿，接著兩條腿，最後三條腿？」這時只要回答「人類」就能過關了。

然而，這頭斯芬克斯提出的問題卻是：「你幸福嗎？」

這可是個棘手的提問。

當我們被問到這個問題時，原本過得樂悠悠的人，也會開始懷疑：「這樣的我真的可以嗎？」忙得不可開交的人，也會開始問自己：「說老實話，我真的幸福嗎？」

或許就是因為這樣，教徒傳教時才會經常使用這個問題。

這個問題具有一種力量，能讓人止步不前，感到孤獨。它能撼動舊有的價值觀，創造出能容納新價值觀的空白處。

這是讓人不得不回顧人生的終極提問。

那麼，為何非得在現在提出這個問題不可呢？

這當然是有理由的。因為斯芬克斯的出現都有其必然性。從神話時代開始就是如此。

請你回想一下，那隻來自古希臘的白蝴蝶。在牠的引領下，這場旅途中，我們一路使用了五條輔助線，分別是「處方箋與輔助線」「馬匹與騎手」「去做事與去愛」「分享與祕密」「舒暢與糾結」。

我們一邊在這些輔助線的幫助下，依個別狀況思考「如何生活」，一邊來到了終點前，而此時我們會碰上一個問題，那就是「幸福」。

因為人生這場旅程最終極的目的地，就是幸福。

或許有人會想提出反駁，但這並非我的個人見解，這是古希臘聖哲亞里斯多德提出的哲學結論。

人生這場海上航行，可以有各式各樣的目的地——成為有錢人、出人頭地、成為受到肯定的堂堂正正的公民、找到人生伴侶、發展興趣——該把什麼當成人生目的，並沒有一個放諸四海皆準的標準答案。每個人都只能朝著自己的目的地前行。

雖說如此，其實各種目的的背後，還是有其共通處。亞里斯多德點破了這一點。他說，那些人生目的的共通點是，它們其實都是追求幸福的手段。

確實，無論是「想要錢」，還是「想要更多從事興趣的時間」，都不是為了讓自己變不幸。最終還是為了追求幸福。

雖然人有時也會說出「我就要不幸給他看」，但那只是用來讓某人知道自己的痛苦的手段，最終的目標其實仍舊是為了某種屬於當事人自己的幸福。

幸福就是潛藏在所有目的背後的「後設目的」。

因此，夜海航行的最後就必須提到關於幸福的問題。

我們是否來到一個適當的終點站了？要判斷此點，就必須思考這個終點能否為你帶來幸福。

「你現在幸福嗎？」

為我們引路的白蝴蝶的真實身分，之所以是一頭叩問幸福的斯芬克斯，理由就在於此。

讓我們來回答看看這個難題吧。

在回答是否幸福之前，讓我們先從回答「何謂幸福」開始。

因為不知道何謂幸福的話，就無從思考自己幸福與否了。

＋簡單的幸福論

何謂幸福？

當我們開始思考這個問題，就會發現答案選項極少。

當別人問我們：「你幸福嗎？」我們頂多只能回答：「是，我很幸福。」「不，我不幸福。」或者取中間值回答：「普普通通。」「還可以。」

事實上，心理學有一個專門研究幸福的領域，他們利用問卷調查測量民眾的幸福程度，其中使用的代表性測量標準為「對人生的滿意度」。換言之，他們會詢問受試者，對於自己人生的滿意程度有多高、正面情緒有多強，藉此來測量幸福的程度。

這跟剛剛提到的回答「是」「否」「普通」幾乎沒有差別。

關於幸福，我們擁有的詞彙如此貧瘠。

這應該不是因為文學造詣不夠。

「幸福的家庭家家相似，不幸的家庭各各不同。」

這是托爾斯泰一句廣為人知的名言。這位俄國大文豪一生持續摸索各種形容人生百態的詞彙，就連在這樣的文豪眼中，幸福都是如此單調，他似乎找不到更豐富的詞彙來描述。

即使閱讀了書店中琳瑯滿目的「教人獲得幸福的書籍」，狀況也一樣。「獲得」幸福的方法論，變化多端，有的說是運動，有的說是賺錢，有的說是感謝身邊的人，內容十分多元。

然而，最關鍵的幸福究竟是什麼，絕大部分的書都只解讀為「正面的感受」。

這真是不可思議。

世間的幸福應該有百百種，如果深入追問每種幸福「為何將其稱為幸福」，最後能回答的只有「因為很高興啊」「因為很快樂啊」或「因為感覺很好啊」，我們只能用這些單純的詞彙來形容。

一個人的幸福與否，只能向心靈叩問；向心靈叩問後，只能得到如此簡單的答案。過於簡單的幸福論。這就是問題所在。

一旦開始思考幸福，我們的詞彙就益發貧瘠，我們的思考就益發簡化。

因此，這裡該是畫輔助線的地方了。我們必須替簡單的幸福論畫上一條輔助線，找出不止一種的幸福。我們有必要將幸福論複雜化。

來喲來喲，走過路過千萬別錯過！

我們的人生到底是由什麼和什麼組成？

暢快揮灑、一筆到底，畫出一條輔助線。

一陣煙霧團團升起，剎那間煙霧之中出現了正面與負面。

他們到底是誰？

✚ 正面與負面

正面的幸福和負面的幸福。

如果這樣寫，感覺會被吐槽說：「說了半天，結果還不是正面就是幸福！」確實如此。這也是理所當然。

晴空萬里時，就會有好心情；抽籤抽中大獎，就會感到雀躍。如果未來充滿希望，那當然是幸福的。

正面當然會連結到幸福。

所以，並非簡單的幸福論有什麼不對，那確實可以看作幸福的一種形式。這個切入點值得加以利用。

只不過，關鍵在於正面並不能代表幸福的所有形式。幸福「也」擁有其他的形式。

問題是「正面」一詞已經與幸福產生了過深的連結。所以，接下來我們需要挑戰以下兩個命題。

命題① 找出正面的不幸。

命題② 找出負面的幸福。

先從命題①開始。正面的不幸，雖然看似邏輯不通，但我們好像也能很直觀地想像出這是什麼狀況。

如果學校裡的班級目標上寫著「開朗的孩子、活潑的孩子」，我們就會想說：「不對啊，為人孤僻又怎麼了？」如果別人告誡說，求職時最重要的是「笑容滿面和積極向上」，我們內心就會五味雜陳地想說：「人格特質的評估最後只看這個嗎？」看到無時無刻不正面思考的人，我們就會擔心對方會不會太勉強自己了。

一般狀況下，正面應該是幸福的，但其中卻又會令人感到一股強迫性與窒息性。我們需要釐清包含在正面中的「難以稱之為幸福的部分」是什麼。

接著來看命題②。在簡單的幸福論中，負面與不幸被牢牢地連結在一塊兒，這也是個問題。

正面愈多愈幸福，負面愈多愈不幸，這是我們思考幸福時的基本前提。將正面感受的總量提升到最大的同時，負面的總量也要降低到最小。世人認為這就叫幸福。

這也不難理解。人生還是負面的事物愈少愈好。

但只要活著，負面的事就會持續不斷發生，如果負面就是不幸，那我們的人生永遠只能防守，無法進攻。此時，幸福有如培育在溫室裡的花朵般脆弱。

實情並非如此。雖然負面的事也有擊潰我們、教我們陷入絕望的時候，但有時我們「也」會從中獲得些什麼

如此看來，負面中不也包含了「難以稱之為不幸的部分」嗎？藏身在醜惡之中的美好，更需要被挖掘出來。

就是這麼回事。

實情是正面中應該包含著幸福，也包含著不幸；負面中應該也同時包含著兩者。

然而，一畫上「正面與負面」的輔助線，我們就會自動將前者當成幸福，後者當成不幸。唯獨這條輔助線，會把幸福和不幸區分得太過武斷。

我想，「正面與負面」的輔助線可能太過於粗黑。這條輔助線生病了。照這情況下去，這條輔助線只會不斷將幸福簡化，無法當成一個幫助我們複雜思考的工具。

我們需要治療它。我們必須治癒生病的輔助線。

麵包超人和細菌人

粗黑的輔助線，它會在複雜的世界裡建立一道高牆，定出一條邊界線。你是那邊的人還是這邊的人？你是敵人還是朋友？逼著大家只能二選一。

舉個例子，請你回想一下麵包超人。

正如主題曲所唱的「只以愛與勇氣為友」，麵包超人是一個過度正面的英雄。憎恨與怯懦無法成為他的朋友。純然正面的正義使者，這就是麵包超人。

麵包超人所居住的村莊是正面村莊，那裡乾淨、和平。雖然有時也會發生像飢腸轆轆這種負面的事，但麵包超人會立刻飛來，撕下自己的臉，分給飢餓的人。而麵包超人被撕得慘不忍睹的臉，也有果醬爺爺立刻替他換上一張新臉。

多麼幸福的世界啊！簡直就是一個所有人都能當嬰兒的世界，只要哇哇大哭，就立刻有人來授乳，有人來幫忙換尿布。

只不過，這麼幸福的村莊卻有一個致命的缺點。

被正面村莊排斥在外的細菌人，住在荒涼的深山裡，日日夜夜深化著自己的仇恨，虎視眈眈地蓄積力量。他開發兵器，制定恐怖攻擊計畫。一旦準備就緒，他就會襲擊這座幸福的村莊，要他們交出食物。最終，麵包超人會本著暴力，祭出正義的鐵鎚，再度將細菌人驅逐，維持村莊的和平，但我們卻不知這樣的幸福何時會瓦解。

粗黑的輔助線會引發什麼樣的心靈機制，在這個故事中一目瞭然。粗黑的輔助線以強大的作用力，製造出純粹的狀態。廣大的灰色地帶，被劃分成非黑即白，白色裡的黑色部分被放逐，黑色裡的白色部分被抹滅。於是，麵包超人或許也有怯懦的部分，他卻不得不只和勇氣做朋友（無聊的朋友）；細菌人或許也有喜歡乾淨的一面，他卻不得不和黴菌人住在一塊兒。

再加上這種純粹狀態是強制建立起來的，被排除的事物會一再回頭反擊，對這種狀態造成恆久的威脅。為了保持純粹，麵包超人不得不採取更強硬的維持治安對策。於是，形成了一個無止境的惡性循環。緊張情勢緩緩升高，最後甚至可能演變成相互殲滅的大戰。

粗黑的輔助線會發揮強大的排除力。

這樣思考下來，應該就能理解正面所包含的強迫性和窒息性，是怎麼一回事了。為了維持正面的純粹狀態，就必須不斷排除負面事物。所以，和過度正面的人相處時，我們會感到窒息。因為負面的情緒無處安置。

「正面與負面」這條過度粗黑的輔助線，需要的是灰色地帶。最好不要過度乾淨俐落地劃分成「非黑即白」。否則，我們就會看不見那片有深有淺的灰色所填滿的複雜現實世界。

為了治療生病的輔助線，我們需要在黑與白的中間創造出灰色的漸層。

因此，這次就來個輔助線大放送。為幸福再畫上第二條輔助線。

來喲來喲，走過路過千萬別錯過！
我們的人生到底是由什麼和什麼組成？
暢快揮灑、一筆到底，畫出一條輔助線。
一陣煙霧團團升起，剎那間煙霧之中出現了純粹與不純。
他們到底是誰？

＋純粹的正面與不純的正面

畫下一道「純粹與不純」的輔助線，讓它跟「正面與負面」的輔助線垂直相交。
這麼一來，幸福就會被劃分成四等分。

純粹的正面和不純的正面。
純粹的負面和不純的負面。

這時候，我們的幸福論看起來就不再簡化，而變得相當複雜。

讓我們先掌握一下整體樣貌。

先從兩個正面看起，也就是關於純粹的正面和不純的正面。

正如字面之意，純粹的正面是指，由純度百分之百的美好所構成的正面。

請你回想一下。純粹的正面應該也曾造訪過你的人生，而且不止一次。

比方說，向自己單戀已久的對象告白，對方答應交往的時候；經歷一段痛苦的備考時期，最後考上自己所嚮往的第一志願的時候；工作上好不容易得到主管大加提拔的時候；或是其他沒那麼重大的事件，人生中總會有各式各樣的幸運，為我們帶來純粹的正面。那是歡欣鼓舞的瞬間。

那些時候，我們當然是幸福的。我們會想說，如果這種感受可以持續一輩子就好了。

然而，那只是人生中為數不多的幸運，無法長存。純粹的正面稍縱即逝。

原本是心目中的白馬王子，交往後才發現他是個不修邊幅的鼻毛王子；進入憧憬的大學後，發現校園生活還挺無聊。

隨著時間的流逝，完全的幸福中開始混入了異物。於是，純粹的正面逐漸變成不純的正面。

所謂不純的正面，就是「不多不少」的正面。

此時，心靈中摻雜進了負面事物，雖說如此，卻也仍未失去正面的基調，這就是不純的正面。所以，或許可以換個說法，改稱之為「剛剛好」的正面。

比方說，男友雖然是鼻毛王子，又有點小氣，還很邋遢，但基本上他很溫柔，又很珍惜你。還有某些極少數的時刻，你會覺得他看起來很帥。這種時候，這個男友就是一個不純的王子。

說不定這種不純的正面，才是托爾斯泰所說的「幸福的家庭家家相似」中的幸福吧。平凡而經歷著各種風波，但是「剛剛好」。

所以，這裡已經有兩種幸福了。

一種是絕頂的幸福，另一種是剛剛好的幸福。

重點在於，前者比後者含有更多正面的成分，所以讓人覺得那是更幸福的狀態，但實際卻非如此。

請你回想一下麵包超人。純粹的正面是以人工的方式排除負面成分，才能繼續存在。因此，絕頂幸福的背後，就會藏著純粹的負面。

純粹的正面若以幸運的形式偶爾降臨，那還沒什麼問題，但若試圖維持這種狀態，就會變得十分痛苦。

婚禮舉辦得再怎麼夢幻，第二天起還是得開始過起平淡又崎嶇的日常生活。婚姻生活就是在持續體驗彼此的討人厭之處和不足之處。此時，如果一味執著於把生活過成如那場夢幻的婚禮一樣，家庭就會陷入不幸。因為兩人要不停驅逐著接連出現的負面事物，而難以忍受對方。

這就是命題①「找出正面的不幸」的答案。

純粹的正面，在某些情況下，反而是不幸。

✚ 純粹的負面與不純的負面

接著，讓我們來看看負面。

純粹的負面和不純的負面，究竟是什麼？

純粹的負面是指，純度百分之百的負面。

比方說，賭上了人生所做出的挑戰，結果以慘痛的失敗告終時；被信賴的人背叛時；經濟上陷入窮途潦倒時；日夜遭受各種騷擾及霸凌的威脅時。這些時候，我們正是身處於純粹的負面之中。

此時，我們的心靈裝滿了壞事。前方一片黑暗，無人可以信賴。連自己看起來都是那麼愚蠢而卑劣。因為我們只看得到絕望，所以有時甚至會覺得只有死了才能解脫。這是一種致死性的痛苦。

想當然耳，在純粹的負面中要找到稱得上幸福的事物，十分困難。

這種時候，首先要做的就是改變環境。你必須逃開對你造成傷害的具體威脅。這是大前提。

即使在現實中已經做了這一層安全保障，有時候，純粹的負面還是不會離去。此時會產生和純粹的正面一樣的機制。那就是正面的事物需要以人工的方式加以排除。

只要做了安全保障，那麼照理來說，純粹的負面應該會隨著時間的流逝而漸漸變得不純。或許我們會看到原本以為是敵人的對象身上，也存在著朋友的部分；有時候原本以為是失敗，卻成了帶來下次成功的種子。

然而，身處在純粹的負面中，被絕望打垮時，美好的事物就無法進入我們的視野，即使看到了，自己也會否定。某個熱心的人主動來跟我們說話，我們就會想說：「這傢伙也是來嘲笑我的。」或者，自己身上明明還存在著其他可能性或選項，我們卻認定即使做了那些事，也一定會失敗。

原本仍存在一絲絲美好的事物，也被我們全部抹煞。更甚者，還會進一步將那些美好的事物解讀成惡意的威脅。純粹的負面具有這種危險的作用力。

其實，在這種最差的時刻，能帶來幫助的是純粹的正面。

落入谷底最深處時，我們的心靈會開始走極端。工作上出現重大失敗時，會想說乾脆自行創業，試圖一口氣扭轉頹勢。考試成績太差時，會考慮乾脆退學，去過一個完全不同的人生。此時，我們的心靈會變得理想化，看不見現實。

即使如此，對於身處於伸手不見五指的漆黑中的我們來說，此時若出現一道強光，這道強光就會成為我們的救贖。幻想出一個純粹的正面願景，會讓我們有力量對抗籠罩著自己的純粹負面。

只不過在這種時候，人生有如一場風暴。

因為純粹的正面與純粹的負面會不停交替互換。

上一秒覺得自己是天才，下一秒又覺得自己是蠢蛋，蠢到都不想活了。上一秒覺得自己的男友是白馬王子，下一秒又覺得他是最低級、惡劣的詐騙集團，因而感到絕望。窩囊人生和美妙人生交互出現。

那是一個非黑即白的、沒有灰色地帶的世界。從一個純粹到另一個純粹，從一個極端到另一個極端，如同乘坐雲霄飛車。雖然對本人而言，那是拚了命為生存下來而做的嘗試，但依舊是一個危險而不穩定的時期。

因此我認為，被純粹的負面籠罩時，真正需要的不是純粹的正面，而是逐步向不純的負面移動。

無論是手電筒還是燈塔都無所謂。我們需要的不是將黑暗一掃而空的燦爛光明，而是不放棄身邊微弱的光線。然後，讓那道光一點一點地照亮無盡的黑暗。

夜海航行至此的我們應該已能了解，這才是在黑暗中生存下去的方法。容易熄滅但確實存在的這道微光，應該就是命題②「找出負面的幸福」的答案了。不同於正面幸福的負面幸福，應該就是存在於不純的負面之中。

不純與負面。

這兩個詞都與「幸福」關係甚遠。但將兩者結合起來，竟能成為另一種幸福的形式。

這是怎麼一回事？

為了解開這道謎題，我們又得借助故事的力量了。

這是因為，不純的負面的本質，就在於「時間」。

時間的流逝，這將成為創造出不純負面的深厚力量。

所以，描述時間的經過，也就是說故事，應該就是帶領我們為斯芬克斯的提問找到答案的關鍵。

現在，我想為你娓娓道來達哉的故事。

發生在美希的夜海航行背後的另一個故事。

「下次什麼時候見面？」

讓我們把時間倒轉至這個訊息出現在美希手機上的那一夜吧。

夜海航行——達哉的視角

好久不見！我有一件超尬的事要報告！之前我施捨一個女人，賜她「女友」的身分，結果她居然讓我當了綠帽俠 wwwwww

扯爆了。根本 PUMA。我是看她可憐，才跟這種帶衰的恐龍妹交往，結果她居然去搞上一

個垃圾男，是在哈囉？不行，我快笑死 wwwwww

達哉把美希趕出門後，一個人在空蕩蕩的家中，開始用社群網站發文。他用手機的按鍵式輸入法，瘋狂地打著粗言穢語。

這是他過去在公司上班時註冊的匿名帳號。一開始是用來說主管的壞話，自立門戶後就開始羅列起合作廠商、經營者朋友的壞話，再次回頭當上班族後，就是用來把職場和同事貶得一文不值。當他發出「這工作根本浪費人生」「那傢伙蠢得跟豬一樣」「沒用的豬隊友」的貼文後，就會有人按「讚」。這成了他的紓壓管道。

開始和美希交往後，他就幾乎沒有再用過這個帳號了。因為他會想發在社群網站上的那些話，都可以說給美希聽了。

但那一夜，能夠承載達哉情緒之處，只剩社群網站了。他久違地打開那款ＡＰＰ，不停發著盤旋在他腦中的破壞性字眼。

我把她狠狠教訓一頓。這是為了她好。背叛是身為一個人最低賤的行為，告訴垃圾她是垃圾，這也是紳士的風範吧？那女人還哭著道歉，她是腦子進水嗎？既然知道要道歉，當初就不要這麼下賤！！話是這麼說的吧 ww

不過，人性還真醜陋。她那種貨色大概只有我才願意理睬她，我給了她那麼多支持，結果跟我搞這齣。忘恩負義的渣女，賤得要命。不能相信人哪！小心這題考試會出喔 ww

達哉一邊發文，一邊不停地在腦中浮現負面的想像。

她和某個自己不認識的人互傳著親密訊息，有著祕密的心靈相通。兩人在某間賓館一起鄙視他、訕笑他，說著「他真笨」「蠢男人」之類的話。

他感覺自己快瘋了。原來我根本不知道那女人的真面目。

美希在達哉的心中已經徹底改頭換面。以前她明明是個知性、無微不至又值得尊敬的女性，如今在達哉眼中卻像個卑劣、充滿惡意的禽獸。好想殺了她。因為有這樣的念頭，所以他不停地在社群網站上發文。

愚蠢的恐龍，還不早點去死。不要把帶衰菌傳染到別人身上！

愈想愈靠北，有沒有什麼好方法復仇？把我當工具人耍就對了？不讓她吃點苦頭，未免太不划算。我要讓她知道她是一個渣到出汁的人渣。

達哉徹夜在社群網站上發文。
他想不出能夠向誰訴說自己所遭遇的不幸，一個人也想不出來。
這種事他無法對任何人開口。
這些心靈的痛楚，除了在網上噴發之外，他已找不到其他出口。

徹底荒唐

在那之後的一個月，達哉的生活過得愈來愈荒唐。
喝酒像用灌的，大手大腳地浪費錢。去參加聚會時，不是用粗言穢語咒罵身邊的人，就是搭訕陌生女子，和對方發生一夜情。
這種時候，他可以得到短暫的舒暢感。當他喝得酩酊大醉，做出荒唐行為時，就會產生欣快感，會覺得自己還是大有可為。

又去之前那家燒酎酒吧喝酒了ww 有個愚蠢的年輕人說話沒大沒小，我就教訓了他一番，我這也是在為日本社會的永續發展做出貢獻。

完全記不得我是怎麼回到家的……好難受……是說，房間裡莫名多了個人ww這人到底是誰啊ww酒精的威力真恐怖ww不過，明天應該還是會去喝wwwwww

欣快感和高潮感只存在夜晚。這些感覺會在短暫的片刻裡，將達哉內心的痛楚一掃而空。

但夜晚過去了，醉意醒了，世界還是一樣慘澹。

一睜開眼，一個人住的小套房已是凌亂不堪。嘴巴乾渴，眼睛充血，身體散發出酒精的異臭。

他的腦袋因宿醉而沉重不堪，打開ＡＰＰ一看，就只剩下粗鄙的言語和愚蠢的自己。

達哉的人生正在分崩離析。他的儲蓄減少，身體狀況變差。更重要的是，因為他傷害了身邊的人，所以他的周圍漸漸只剩下冷漠的眼神。這讓他更感到窩囊。他認為這一切的一切都是美希害的，所以他的憎恨愈來愈深。

去他媽的！那個PUMA搞爛我的人生後，現在大概和她的姘頭正在風流快活，一想到就好想Ｓ了她。

那一夜的情景在他心中閃回。

「下次什麼時候見面？」出現在手機上的訊息、對著她劈頭大罵的粗言穢語、美希哭得稀里嘩啦的表情。他氣到發抖，感到一陣穿刺般的疼痛。他覺得自己好像一團穢物，他好想死。

當他為了轉換心情而來到街上時，卻又覺得普通的情侶看起來都很刺眼。他覺得自己彷彿是一個從「普通」上撕下來的外星人。我不久之前明明也是那邊的人……

有時他也會突然發出這樣的貼文：

感覺每次到最後，我都會被塞進同樣的房間裡。供宿工作那時的宿舍也是這樣，公司倒掉後的那間辦公廳最後也是這樣。掛著厚重窗簾、啤酒罐滿地的髒亂房間，最後我還是自己一個人。

和母親斷絕關係，和對自己有恩的主管決裂（心理諮商就是在這時結束的），用人生作為賭注的事業以失敗告終，被人生首次信賴的女性背叛。到最後總是只剩自己一個人。

當他在社群網站上寫下這種內容時，就會趁還沒任何人看到前立刻刪除。我只是個自我陶醉的笨蛋。他這樣想他自己。

所以，他只能酗酒。如果不喝得酩酊大醉，不做荒唐事，他就會覺得自己快要瘋了。

如此絕望的日子，大約持續了一個月。

非黑即白

這段時期，達哉被純粹的負面吞沒。美希的祕密摧殘了他的心靈，讓負面的事物充斥其中。

其中。

我想這是因為對達哉而言，美希就是如此特別的人。

他將美希理想化了。他以為她是一個什麼都能接納包容的人，對她產生了過度的依附。

或許是因為他和母親之間的關係並不融洽，才使他內心悄悄地渴望得到一個全能母親的照顧。他並未隨著自己長大成人，擺脫這種不成熟的欲望，而是將這種欲望投射在主管、朋友、心理師身上，每當這種欲望得不到滿足，他就會斷絕關係。而他更是將這樣的欲望，毫不保留地全面投射在美希身上。

愛情是棘手的。相信你一定也有過相同的體悟。一個人即使平時的行為舉止成熟穩重，也會在談戀愛時將自己幼稚的部分噴發出來。

當一個人墜入情網時，總是會將對手理想化，藉此來滿足自己內心未被滿足的欲望。想當然耳，這樣必然會令對方受傷、受挫。當對方被要求達到一個不切實際的狀態時，關係就無法持續下去。

這個時候，如果仍希望繼續保持連結，那就必須調整自己與對方的關係，必須去經歷一個過程：停止將對方理想化，正視對方真實的樣子，讓自己的理想幻滅，進而接納真實的對方。世人或許會將此稱為「讓愛情昇華成愛」。

雖說如此，但達哉這次的幻滅來得太過突然且激烈。因為背叛行為，一夜之間摧毀了達哉心目中的理想形象。於是，他對美希的印象一百八十度大轉變，從理想女性變成冷酷而卑劣的壞女人。

不僅如此，達哉的自我形象（self-image）也一百八十度轉變。公司的破產，雖然讓達哉喪失自信，但自從與美希交往後，他就開始覺得自己其實也不差。然而，如今他只覺得，身為一個男人的自己，大大地不如其他男人，自己只是一個人生的大輸家。

如同黑白棋般，白色被置換成黑色。

從純粹的正面變成純粹的負面。

這就是他的心靈發生的轉變。

純粹的負面是致死性的痛苦，所以必須注入純粹的正面，藉此來將純粹的負面一掃而空。

他之所以日復一日過著頹廢的生活、在社群網站上譏笑怒罵，應該是為了讓不愉快的情緒短暫麻痺。

但理所當然地，強制排除的事物，之後又會再度回歸。即使在夜晚喝得爛醉如泥時能得到高潮感，太陽昇起後，痛苦的現實又會回來。

把漆黑的東西染成純白，然後漆黑再次來襲。

如同一場大風暴。

夜海航行的過程中，總會遇上這樣的時刻。

即使如此，時間還是會不停向前。

重逢

「我想道歉。」

某天醒來，收到一條美希傳來的訊息。

「希望你能騰出一點時間給我。」

達哉腦中一陣混亂。都過了這麼久了，她到底想幹麼？

停頓了幾秒，一股猛烈的憤怒情緒湧出。

垃圾女人發垃圾訊息來啦!!

說什麼「我想道歉」，都過多久了？是在哈囉？這人太尬了吧 wwww

如果他心中只存在憎惡的情緒，那他刪除她的訊息即可。但他心中還有另一種情緒。

他想知道美希真正的想法。

對她而言，自己到底是什麼。那女人當時真的對我有感情嗎？當時我們的關係到底算什麼？

最後，他腦中全被美希占滿，所以他無法不去見她。

那一夜，美希分秒不差地在約定的時間來到達哉凌亂不堪的住處。許久不見的她，如今看起來大幅消瘦，顯得十分憔悴。

她也感到受傷了嗎？

當達哉這麼想時，瞬間胸口一陣痛楚。

「我真的覺得非常對不起，那樣傷害了你。」

她向達哉賠罪，說明訊息中的對象是誰，並說自己與對方已經完全斷絕往來了。她的道歉是由衷的，她的說明是誠摯的。

但那些話令達哉深深受傷。背地裡她真正做了哪些事，他過去腦補出的那些醜陋噁心的景象，直接從她口中娓娓道出。這簡直就是一場惡夢。

結果，他依舊只能爆出那些粗言穢語。

「現在跟我道歉，不會改變妳是人渣的事實！」

怒火一旦點燃，就無法輕易澆滅。憤怒中夾雜著興奮與爽快感。因為他愈是破口大罵，她看起來就愈像個惡人，所以他就愈想摧毀她。於是，他可以想說窩囊的那個人不是自己而是眼前這女人，因此心痛感也能稍稍和緩。

「妳說的沒一句真話，渣到極點了，妳這女人！」

加害者與受害者

美希一聲不響地忍著。她不得不承接住達哉的憤怒。她痛下決心地告訴自己這是她的責任，並有所覺悟地迎來這一天。在達哉的罵聲中斷前，她都持續傾聽著。一邊聽一邊想著，他的罵聲有如悲鳴。

在風暴的間斷處，她開口說：

「拜託你，聽我說幾句。」

有些事情，她希望能讓達哉知道。

她述說了起來。和達哉認識後，讓她真的很快樂的事；她是第一次認真和某個人交往的事；

是這些事情讓她得到了救贖的事。還有，交往一段時間後，達哉的言行失去體貼的事。

「我覺得那時候的你，對我真的很過分。你說的話刺傷我了。其實我很討厭你那樣。」

她說著：

「我知道你正處在一個很難受的時期。但討厭的事就是討厭。」

她還說了因為自己的脆弱而說不出「討厭」二字的事；因為那樣的脆弱而背叛達哉的事。

「我知道這些都是我自己的問題，真的很對不起。但這些事我希望能讓你知道。」

達哉並沒有聽進去。

是你的錯。會變成這樣，都是你不好。在他耳裡聽到的盡是這樣的聲音。在說什麼鬼話？我已經這麼痛苦了，還要告訴我，錯的人是我？

「我聽妳在放屁！」

他開始破口大罵。如果不撇清指控，他的心靈會崩壞。所以，達哉任憑憤怒掌控自己。

「妳是在說都是我的錯嗎！」

他勃然大怒，畫出了一條粗黑的邊界線。

「我是受害者，妳是加害者才對吧？別告訴我這麼簡單的事妳都不知道！」

痛徹心腑的夜晚又捲土重來。達哉單方面地咒罵著美希。美希人生中不斷重演的腳本，又再次上演——不，不對。
這次的腳本跟以往有一點點不同了。就像老劇新編，結局做出了一絲絲更動。
「讓你這麼難受，我真的很抱歉。」
美希最後說道：
「但我希望隔一段時間後，再跟你談一次。」
這次不再是以純粹的破壞告終，這次她倖存了下來，而能說出她該說出口的話。
達哉沉默不語。不過，也沒有說出「No」。

持續見面的兩人
傻眼到爆。據垃圾女人所言，在談了兩個小時後，結論是錯全在我。超級不爽……好，準備來去喝個啤酒什麼的！

美希離開後，達哉在社群媒體上發出這樣的貼文。正如以往，稀稀落落地有幾個人按「讚」，但最後他並沒有出門。他只是躺在又硬又冷的床上，開始反芻著這個晚上發生的事。
他不知道該怎麼辦。
他的心情五味雜陳。他內心「也」有不想再跟美希見面的情緒，「也」有想再跟她見上一面的情緒。

正因如此，他才如此痛苦。

那一晚，對達哉而言最痛苦的是，那些甜蜜的往事又湧上了心頭。為她的創業解惑時，他鼓勵她跨出那一步的往事；兩人一次又一次共餐的往事；在第一次的兩天一夜旅行中，一起在高原上漫步的往事；他們計畫要在夏天一起出國旅行的往事。

當她出現在同一間屋子裡時，那些記憶又被翻了出來。醜惡的想法滾滾湧出。那些到底算什麼！那時候，還有那時候，我竟然笨到會上當。痛苦的感受不但把當下塗黑，甚至把過去和未來也都塗得一片烏漆墨黑。

那一夜，美希所展現出的誠摯才是她的本質，達哉十分清楚。正因如此，他才會想起那些美好的記憶，但這反而在撕裂著他的心靈。

他腦海中同時浮現的是，那個誠摯的美希正在跟其他男人卿卿我我的畫面。

「下次什麼時候見面？」

那段訊息又在腦中閃回，他開始覺得，美希其實至今都在跟那男人聯繫，而且還在背後訕笑著自己。

美好的美希和醜惡的美希。

兩個不同的美希同時出現在自己眼前。

妳究竟是誰？

「為什麼她就是搞不清楚，我才是受害者！」

這次他不是在社群媒體上，而是在床上小聲嘀咕著。

亦黑亦白

這一夜，達哉的心靈正從「非黑即白」轉移至「亦黑亦白」。他的心靈化成白底黑點的模樣。他的心靈正在試圖從純粹向不純移動。

然而，心靈變得不純時，會比以往更痛苦。

或許你會覺得很意外。

從純粹的正面轉移到不純的正面是一件痛苦的事，這還好懂。因為純白的世界中摻雜進了黑色，這種感覺當然不好。

相對地，純粹的負面轉移到不純的負面，以一般邏輯思考的話，就是有正面摻進了負面中，所以或許你會覺得心情應該會變輕鬆。然而並非如此。

將恰恰相反的兩者放入心靈中，是一件難受的事。

美希究竟是美好的人，還是醜惡的人？

若她是美好的人，那就可以放心去愛她；若她是醜惡的人，那就可以儘管去恨她。然而，若是兩者同時存在，他的心靈就會同時產生愛意與恨意的漩渦。

愛著美希的同時又恨著美希，比純粹地憎恨美希，更加折騰人。

一邊視美希為理想女性，又一邊認定她是極惡之人，遠比純粹地瞧不起美希痛苦得多。

比起和一個亦美好亦醜惡的白底黑點的對象在一起，徹底攻擊純粹的醜惡，心靈會輕鬆許多。

所以正要踏向「亦黑亦白」的時候，心靈中會產生一股回歸「非黑即白」的力量。

達哉內心混亂不已。他的心好痛。

該如何消化白底黑點的美希？這正是問題所在。

去相信人

有一個鮮明的徵兆：那一夜與美希重逢過後，達哉慢慢開始投入他的工作了。

過去他對職場滿腹牢騷，所以實在稱不上是一個好員工。然而，現在工作卻成了他的浮木。

每天早上同一時間進公司，寫程式，填請款單，回電子郵件。只要投入眼前的工作、有做事，人生就能向前進，他也不必去思考「是黑是白」的問題。即使私生活殘破不堪，但自己還是能在工作上對他人有所貢獻、做出成果。工作拯救了他。

當他這麼做之後，他在公司裡的風評也逐漸轉正。過去周圍的人都說他除了自尊自大什麼都沒有，而對他退避三舍，如今主管、同事和下屬都慢慢和他打成了一片。

他還交到了可以一起把酒言歡的朋友。

於是，他喝酒的量減少了，他也不再任性妄為地傷害他人。我想，這應該是因為他的孤獨感減少了。他的生活開始重新振作了起來。

「去做事」是「去愛」的支柱。分享連結是祕密連結的支柱。

在這段日子裡，達哉以每個月一、兩次的頻率，持續與美希見面。

見面後，又是痛苦的時間。談到最後，總是會觸及達哉的創傷，因為那件事他實在無法承受。

他一次又一次地氣到發抖，爆出粗言穢語。而他打從心底對滿口髒話的自己感到厭煩。

我到底在幹麼？每次、每次，一見面就發生同樣的事。真是毫無意義。這種女人不是應該趕快跟她斷絕往來嗎？

他在社群網站上發過好幾次這樣的貼文。但結果還是又跟她見面了。然後，痛苦的時間再次上演。

到頭來，問題只有一個。

她是黑還是白？我是可以相信她，還是不該相信她？

這段時期持續了將近半年。達哉一邊在「去做事」和「去愛」之間往返，一邊在腦中反覆詢問著同一個問題。他整個人漸漸被掏空。

即使如此，他還是不知道該怎麼辦。

啊，要去相信一個人竟是如此困難。

更遑論是去相信一個曾經一度崩塌的關係，應該是難上加難吧？

比起相信擁有無窮力量的上帝，相信力量有限的人類，實在是困難太多了。

現實生活中剪不斷理還亂的人際關係，不會如電影或影集中的人際關係一樣，問題最後都迎刃而解。

現實中有的只是單調的時間流逝。

但這也正是能幫助我們去相信人的唯一力量。

無法接受的事、充滿矛盾的事、絕對不容許的事，換言之，就是透過邏輯思考得不出答案的事，這些事都會隨著時間慢慢溶解。

看似毫無用處的時間，正悄悄地在達哉的心靈深處，踏踏實實地施工著。轉變正在緩慢發生，慢到令人無法察覺。

給自己時間，把難解的事持續放在心上。

然後，某一天，那件事就會「砰」的一聲猶如大石落地。

黑與白混雜在一起，變成了灰。

屆時，達哉的心中會開啟一個不同於以往的視野。

不純的負面，現身眼前。

灰色的她

某個星期五夜晚，下班酒聚後的回家路上。他與同事道別，從池袋車站搭上ＪＲ山手線的電車，達哉開始滑起手機上的社群網站。

他發現，自己傍晚罕見地分享了工作上的好康情報後，小小地火了一把。有種一夕之間成了工程師網紅的感覺，他感到微微的雀躍。

時間是晚上十一點以後，電車內人潮擁擠。酒聚結束後的人們互相推擠，他幸運地找到了位子。這一個星期都在勤奮工作。達哉沉浸在一種愉悅的疲勞感中。

電車離開目白車站，向高田馬場前進。這個時間，他漫不經心地望著車廂內的廣告。脫髮治療的海報旁，貼著除毛沙龍的廣告。

（太多也不行，太少也不行，毛髮的煩惱還真是深奧。）

來發個文好了。他一邊用微醺的大腦琢磨著文字，一邊望著在除毛沙龍廣告上帶著微笑的女模特兒。一段回憶湧現——有一段時期，美希曾經認真煩惱著要不要買除毛沙龍的療程。

對此，達哉取笑她說：「畢竟妳的體毛多到誇張。」

那是過去日常中俯拾即是的回憶。

我取笑她，她鬧彆扭。我道歉，她原諒。然後我又再取笑她。

他懷念地回憶起那些一再反覆的對話，而感到惆悵起來。

真快樂。那段時間真美好……

就在此時——

「其實我很討厭你那樣。」

車廂內喧囂聲的縫隙間，突然傳來美希的聲音。

「我覺得那時候的你，對我真的很過分。」

我們那個時候真的很「美好」嗎？

車廂內播放著：「下一站是新大久保」。他內心有個聲音不屈不撓地問著自己：

「我那時是不是根本沒有好好地珍惜她？」

往事在他回憶中甦醒。

從副業開始做起的事業，慢慢愈做愈大的往事；感覺自己所向無敵，而開始輕視本業的往事；因主管責備此事，兩人產生嫌隙，最後以辭職逃避的往事。

事業順利進行了一段時間的往事；交到同世代的經營者夥伴，相互支持的往事；慢慢變得經營不順，而開始嫉妒朋友們的往事；在自己傷害到某人之前，主動離開他們的往事；情非得已回去當上班族，感嘆自己懷才不遇的往事。

美希支持鼓勵著這樣的自己的往事；不知不覺視她為理所當然，而忘了體貼的往事；不僅如此，還對她說出過分的話，對她恣意妄為的往事。她即使不開心，還是很快就不再跟他計較的往事；用飯店經理般的表情對他微笑的往事。

「下次什麼時候見面？」

她變得一臉蒼白的表情。發了狂似的自己。

久違重逢時她消瘦的樣子。即使如此，自己還是如連珠炮般放出的粗言穢語。

實際上是我在傷害美希吧？

是我把她當成了無論做得再過分，也不會受傷的人吧？是我一丁點也沒有考慮到她的感受吧？

「我知道你正處在一個很難受的時期。但討厭的事就是討厭。」

所以我們之間才會變成這樣吧？

「我是受害者，妳是加害者才對吧！」

不，不對，實際上我「也」是加害者，她「也」是受害者才對吧？

是我已經軟弱到無法察覺她的軟弱了吧？而且我是不是事到如今都還是這麼軟弱而愚蠢？

「你說的話刺傷我了。其實我很討厭你那樣。」

都是你的錯。一直以來美希說的那些話，在他耳裡都像是這樣的控訴。如今，他第一次感到那些話是帶著真切的心情的。

美希說那些話，不是為了責備達哉，而是希望讓達哉理解她的想法。

「你說的話刺傷我了。」

我怎麼能蠢成這樣！

他明明是坐在電車中，卻幾乎要哭了出來。他咬緊牙關，忍住淚水。自從那一夜以來，他第一次有過這樣的感受。

自己竟沒能夠好好珍惜她，他感到既抱歉，又無比悲傷。就是這樣，最後才會演變成如此沉痛的結果，他對此感到懊悔不已。當他一想到，自己至今仍在做著蠢事，傷害了包括她的許多人，就感到無地自容。

他的心臟、他的胸口、他的眼睛後緣處，都在發痛。

然而，這樣的悲傷也在撫慰著達哉的心。

因為此時，美希在他眼中已變成一個不同於以往的人了。過去達哉眼中的美希，不是一個能包容一切的完美女性，就是一個卑劣的背叛者。非黑即白。這令他痛苦。

背叛不是出於她的惡意，而是因為他傷害了她所產生的行為。當達哉可以這麼想時，他看事情的方式就改變了。

美希是一個普通的女性。是一個雖然也有脆弱的一面，但仍願意試著與達哉維繫住關係的普通女性。於是，他想起了她曾說過，她在過往的人生中一再受傷的往事。

就是自己傷害了像她這樣的人。

黑與白融合後，他開始看見一個灰色的她。他開始看見了現實中的她。

我真是既幼稚又愚蠢。他沉痛地這麼想。

同時，他又抱有另一種心情。

雖然我是個蠢豬，但既然我發現自己是蠢豬，那今後說不定我就能讓自己別再那麼蠢了。說不定我就能更加珍惜地待人了。

他有了這樣的想法。

「我想要道歉。」達哉心想。

一到站後，就打電話給她吧。可是我該跟她說什麼呢？我能夠好好地說出我的想法嗎？我不知道。說不定我已經做出無法挽回的錯事了。

在他釐清思緒前，電車已經開到了新宿車站。電車門上，除毛沙龍的廣告模特兒正對著他笑。

不，還是明天再打好了。夜已深了。

還是先好好釐清思緒。電話等到之後再打，應該也可以。

回憶不經意地湧現。

「下次什麼時候見面？」

那個場景再次向他席捲而來。胸口一陣痛楚，自己幾乎要抓狂。好想把一切都摧毀殆盡。

他頂住了。

應該還沒到一切都被摧毀殆盡的地步。因為那之後，我們仍繼續見面，持續討論著無法立刻解決的問題。因為那樣的時間確實存在著。

於是，達哉跨出一步，踏上了夜晚的月台。

＋負面的幸福是什麼？

現在回到我和你的故事。這段漫長的旅程，如今終點在即。請你回想一下。

斯芬克斯問我們：「你幸福嗎？」我們便開始思考什麼是幸福。然後，我們畫出輔助線，將幸福多元化，最後正視了這個提問：不純的負面究竟是什麼意思？能否稱得上是幸福？

達哉的故事告訴了我們，不純的負面的真面目，其實是「悲傷」。

當達哉處在純粹的負面中時，他被痛苦折磨，遭到醜惡的事物威脅，恨意在他心中翻騰。他被淹沒在各式各樣的負面情緒中。然而，那裡唯獨缺少了悲傷。

悲傷是失去了心愛的人事物時的情緒。

達哉若要感到悲傷，就必須感覺到美希是他心愛的人。只要他還認定美希是罪大惡極的背叛者，是純粹的加害者，那他就只會產生憤怒和憎惡，不會湧出悲傷的情緒。

要能夠悲傷，就必須摻入美好的事物。要感到沮喪、喟嘆、懊悔，就必須擁有能支撐住心靈的事物。

悲傷是一種不可思議的情緒。它確實是負面的，但又不是只有負面。

透過悲傷，達哉才能放棄完美的美希，拋開邪惡的美希，並發現真實的美希。悲傷為我們把消化不良的白與黑，融合成了灰色。

這時候，世界找回了它的複雜性。真正的現實其實是灰色的。我認為，同時摻雜黑與白的模稜兩可的顏色，才是世界真實的模樣。

所以，能夠悲傷時，我們的心靈會比從前更寬一點點，更深一點點。於是心靈騰出了一處放得下複雜事物的空間。

我想將其稱為「負面的幸福」。

當然那是一段痛苦難耐的時間。悲傷並非令人感到舒適的情緒，悲傷會讓心靈陷入沮喪。

但沒有這段時間的話，我們的心靈就會一直停留在簡單、狹窄、淺薄的狀態中。如果一直不去碰觸眼前複雜的現實，而是封閉在只有黑與白的自己的世界裡，那麼世界就會變得貧瘠。

悲傷是豐盛的。

因為悲傷裡留有空白，那裡容納得下世界的複雜性、他人的複雜性、自己的複雜性。

當我們能親身體會這件事時，就會開始覺得，雖然人生中負面事件層出不窮，但這樣的人生還是值得活下去。

世人將這樣的轉變，稱為「長大」。

長大。這正是負面幸福的真面目。

當我們長大成為大人後，就有屬於大人的平安。我想將這當作命題②「找出負面的幸福」的答案。

✚「也」的思想

幸福是什麼？

關於這個問題的答案，只差臨門一腳了。

夜海航行是一場探索「如何生存」的旅途。旅途最終目標是幸福，為了思考什麼是幸福，我們畫了兩條輔助線：「正面與負面」「純粹與不純」。

結果，浮現出來的是三種不同的幸福。

一種是純粹的正面，它雖然是絕頂的幸福，但背後卻藏著絕頂的不幸。

一種是不純的正面，這是托爾斯泰也認證的「剛剛好」的幸福。

還有一種是不純的負面，它能使世界複雜化，幫助我們長大。

哪一種比較好是依個別狀況而定，這一點前面也反覆說過。

畫出輔助線，不是為了求出哪一種才是正確，而是要看出這「也」正確、那「也」正確，哪一種都正確。

根據你現在身處在什麼樣的環境裡，過著什麼樣的生活，你需要的是哪種幸福的答案，就會有所不同。

到此為止，我都一直在強調這一點。

關於「正面和負面」，確實是依狀況決定的。正面的幸福和負面的幸福，此二者你需要哪一種，也會根據狀況和局面而改變。這樣就好。

但是關於「純粹和不純」，可就不一樣了。

我想判定「不純」勝出。

我當然知道，純粹的正面可能為我們帶來幸運，也能幫助我們在致死性的痛苦來襲時緊急避難。純粹的正面有時會有這樣的作用。

即使如此，在純粹的幸福與不純的幸福之間選擇一個的話，我想推崇後者。

我之所以在最後的最後斷然說出這樣的結論，是因為「純粹和不純」的輔助線跟其他輔助線有一點點不同。

它是一條用來畫在其他輔助線上的後設輔助線。換言之，這條輔助線能夠判斷誰是健康的輔助線，誰是生病的輔助線，並能治療生病的輔助線。

後設輔助線能淡化粗黑的輔助線，用橡皮擦幫我們將粗黑的實線，變成可以消去的虛線。

「純粹和不純」的輔助線，是用來畫在先前所畫過的每一條輔助線上的。

處方箋也是如此，輔助線也是如此。
馬匹也是如此，騎手也是如此。
去做事也是如此，去愛也是如此。
分享也是如此，祕密也是如此。
舒暢也是如此，糾結也是如此。
還有，正面也是如此，負面也是如此。

「也」的思想。
這正是貫穿這整本書的思想。
到此為止，我一再地反覆強調「也」字。

現實是不純而複雜的。因此，害我們看不清當下的所在地，失去了方向感。這種時候，我們會用手電筒來照明，藉此稍稍理解現實狀況，找出可以走的道路。我們畫出輔助線。

畫出輔助線，不是為了割捨現實的複雜性、將現實簡化。區分黑與白，不是為了割捨黑、緊抓著白不放。

而是為了持續堅持一個「也」字。

容許自己內在存在不止一種聲音。給自己時間，兜兜轉轉，這也不對、那也不對地思考下去。這樣的過程會讓我們能用複雜的方式去接納現實。像這樣，依個別狀況找出能與複雜現實妥協的折衷做法。

因此，我們必須畫出輔助線。

或許你會覺得這樣的想法「太正面」。

或許你會覺得我對於現實過分樂觀，過度寄予希望。

現實有時是殘酷而絕望的。過分的事大量發生著，他人對我們惡意相向也如同家常便飯。我們所處的社會裡，根深蒂固的問題堆積如山。我也認同這樣的觀點。

即使如此，現實並非簡單的，而是複雜的。

這個世界上，存在著各式各樣的他人。其中，有些人可能對你惡意相向，有些人可能對你的痛苦視若無睹。

然而，這不是全部。一定「也」存在著抱持善意的他人。一定「也」存在對你的困境無法置之不理的他人。這樣的他人絕對存在某個地方。

我是如此相信的。

我的工作是，在一間小房間裡，等待被現實傷害的個案到來，僅花五十分鐘跟他們談話，然後目送他們回到現實中。

現實世界是值得活下去的。

這樣的正面認知，是我從事這份棘手的臨床工作的心靈支柱。存在於根本之處的信賴，讓我頑強地在這份工作上堅持下來，也讓我有信心可以一直持續從事這份工作下去。

所以，結論是這樣的：

幸福是什麼？

盡可能複雜地面對複雜的現實。

十 沉默

完成最後的準備了。面對身上帶著黑白斑紋的斯芬克斯，現在的我們一定能回答出牠的問題。

那是一個魔性的叩問。那個叩問會讓我們頭腦混亂，忍不住問自己：「這樣的我真的可以嗎？」

也就是說，那個叩問會使你心中，有不止一種的聲音浮上水面，並促使這些聲音彼此對話。

斯芬克斯張大了牠的血盆大口。

「你幸福嗎？」斯芬克斯問道：「你現在幸福嗎？」

別擔心。沒有必要立刻交出答案。

給自己時間，直到找到答案為止。

因為這是一個我們不得不持續思考的問題。

我們的沉默，斯芬克斯接收到了。牠故弄玄虛地一笑。然後，巨大的身軀開始捲曲。

白底黑點的花紋轉呀轉地混雜在一塊兒……最後只剩一隻灰色的蝴蝶。

蝴蝶翩然飛向水閘門的另一頭去。

跟著蝴蝶前進吧。

✚ 水閘門的彼端

划動你的小船。不，沒有划槳的必要。現在正吹著順向風，水流會自動載著我們朝那個方向前去。

水閘門開啟。

好刺眼的光芒。

啊，是旭日。在夜海航行的終點站迎接我們的是晨曦。

眼睛習慣光線了。這裡是哪裡？

汪洋、汪洋、汪洋。只有一片汪洋。

沒有港口，也沒有市街。連一丁點的陸地都沒有。

只有汪洋而已。水閘門的另一頭，還是一片一望無際的汪洋。

還有數不盡的小船們！

放眼望去的海面上，無數的小船彷彿互相推擠般地載沉載浮著。

一陣暈眩襲來。
啊，世界開始溶化。
無論是汪洋、旭日，還是載沉載浮的小船們，都如泥漿般溶化。
你的灰色小船和我的綠色小船，也朝著那個色彩的漩渦溶解而去。
世界轉呀轉地被攪拌在一塊兒。

閉上眼睛。
好，請睜開眼睛。

你坐在灰色的沙發，我坐在綠色的椅子上。
這裡是一成不變的諮商室。
朝窗外看出去。
湛藍的天空下，無數的小房間載沉載浮著。
汪洋一望無際地延伸著。

【後記】

給自己時間

日落時分，工作結束後的歸途上，經過車站前的咖啡廳雷諾瓦，我進去坐了一下。店內高朋滿座，我占了一個角落的桌位。點了咖啡，開啟筆記型電腦。正想打開持續更新的Word檔時，又作罷。

對了，今天只剩後記要寫。

這三年間，我寫了又刪，刪了又寫，日復一日持續到今天，現在終點就在眼前。真是花了好長的時間。

對我來說，撰寫這本書正是不折不扣的夜海航行。

*

三年前，出版了《只要存在著就好》一書後，我呈現虛脫狀態。下一本書本打算寫一本輕薄短小、可以輕鬆寫完的書，當成復健。

就在那段期間，新潮社的島崎惠女士登門造訪，前來我的辦公廳，當時我們談到自我成長書籍、商業書籍和生存之道的散文在坊間引發討論的話題。我個人很喜歡閱讀那類書籍，身為臨床心理學家的我，也對這類書籍十分關注。

心靈與社會之間的關係為何？我們的社會正朝著徹底實踐資本主義，將「孤舟化」——社會學裡所說的「個人化」——發展至極致的方向邁進。置身在這樣的社會中，我們的心靈是以何種形式生病？又該變成什麼狀態，才稱得上康復？

這曾是我的研究主題，所以描述各種現代生存之道的書籍，對我而言是絕佳的題材。本書開頭有一幕是描寫四艘處方船在宣傳「如何如何的生存之道最好」，那一段的靈感當然就是來自於這些書籍。

各式各樣的生存之道對什麼樣的人來說是最好的？或者在什麼時候是不好的？我講出平常種種的所見所思後，話題完全炒熱起來，最後我們認為這些內容或許可以寫成一本「後設自我成長書籍」。於是，我們決定讓島崎女士將我口述的內容錄音下來，直接出版成書。

此時，我還有一個小小的野心。本書第三章至第五章，也就是關於「去做事和去愛」「分享和祕密」的輔助線，我想結合社會學與臨床心理學，提出個人獨到的新觀點。

當我們思考要如何在資本主義中生存時，「親密性——祕密連結」的問題十分容易被忽略，但這在我的臨床工作上，卻是十分迫切的問題，所以我想向世人拋出這項提問。

本書的骨架在三年前就幾乎完全成形。我確實也將那些內容向島崎女士說過一遍，並錄音下來。接下來要做的，就只剩找人將錄音內容聽打出來，再對文章進行一些微調。光用說的就能出版一本書，多輕鬆，這正是我想要的復健哪。當時我抱著這種天真想法。

然而，事與願違。

夜海航行的入口被巧妙掩蓋，讓人絲毫沒有察覺。

聽打文稿完成後，我一看便啞然無言。

我以為自己在敘述時已整理得清晰明瞭，一旦打成文章後，卻成了一篇一團混亂、模稜兩可，且極度枯燥乏味的文字。

糟透了。

我一邊這麼想，一邊開始修正文章，最終變成將內容全部刪除重寫。而且是一次又一次刪除重寫。

原本只打算微整形，卻變成接上了幾根骨頭，做了器官移植，將全身皮膚重新植皮的大手術。

我做了各式各樣的變更，包括：將夜海航行寫成寓言風格，插入「中間記」，增加新的輔助線，但最重要的是，我在通篇中加入了事例。

我們可以把心靈當成一種機制來闡述，也可以當成活生生的故事來敘述。心靈既是科學性的，也是文學性的。從這兩個不同面向描述心靈，就能成為一本好的心理學書籍。

若要將我當初闡述的觀念性的枯燥輔助線，化成活生生的輔助線，那就非得讓美希和達哉登場不可。

當然，身為專業人士，我有保密義務，不能將實際個案的狀況直接寫出來。我是將長期以來的臨床經驗加以混合，刪除掉能追查出特定人物的資訊，只留下心靈的轉變方式與質感，並補足敘事中的情節，而創造出了這篇故事。

可能是因為與他們共處這麼長一段時間，如今我可以確切地感受到，自己內心存在著像他們那樣活著的自己。希望對你而言也是如此。如果他們的小船式生存之道，也存於你的內在，如果他們聽到的轟然浪濤，也正響徹你的心扉，那將是身為作者的最大榮幸。

還有一個做出根本性改變的地方，那就是語體。

我以臨床心理學者的身分開始撰寫這本書，如同過往所寫過的書籍一般。然而，就在我試過各種方式都行不通後，我感覺到這樣書寫是不夠的。

這本書應該以臨床性的方式書寫，而非學術性的。因為這本書是寫給現實中正在夜海航行的讀者看的，所以語體上應該是以心理師的身分，伴隨在讀者身邊，共同思考，從旁對話，而非以學者的身分遙遙俯瞰。

因此，我需要全新的書面語體。我改用和個案對話時常常使用的敬體，極力選擇簡單的語彙，不繞遠路而直截了當地闡明個中道理。我必須將身為一名心理師天天使用的口語，移植到文章裡。

這是一項艱難的工程。我好幾次失去方向。一次又一次地重寫後，又覺得不對，而感到束手無策。黑夜無盡地持續下去。

以心理師的身分，寫給身在困頓之中的人。前輩們看似信手拈來的作品，實際上有多麼艱辛。這一次我終於領教到了。

即使如此，我還是必須完成它。因為我也是一名中堅心理師了，我必須擔起責任，學會如何寫出這樣的文章。

或許我就是得花上這麼多時間，才能成為一名獨當一面的中堅分子吧。

幸而有輔助船相伴。

心理師山崎孝明先生、堀川聰司先生，以及精神科醫師熊倉陽介先生與我的分享連結，在執筆過程中持續支持著我。

更重要的是，編輯帶給我的強大力量。我本身就是一個在撰寫書籍時非常需要編輯協助的作者，但過去沒有一次像這次一樣，如此仰賴編輯們的幫忙。

島崎女士，加上中途加入的堀口晴正先生，他們在我的稿子上寫下了密密麻麻的意見。我接受所有提案，構思如何將其反映在文章中，並全部重寫一遍。在這樣反反覆覆的過程中，一點一點地使舊語體褪色，新語體成形。

如果是我自己一個人，我想我早就半途而廢了。我想深深地向這麼長一段時間以來，與我並行的輔助船們，致上深深的謝意。

*

不知不覺，窗外天色已暗，咖啡也早已涼透。

啊，真是花了好長的時間。

雖說如此，但夜海航行的本質，就是給自己時間，這樣或許也是好的。

心靈瞬間改變是危險的，還是給自己時間慢慢改變比較好。

因此，需要時間慢慢書寫、需要時間慢慢閱讀的書，或許也是一本很好的書。

OK，可以收筆了。

這次真的得做復健去了。

總之，先結帳離開咖啡廳吧。

街道上，小船湧動，熙來攘往。

二〇二二年一月　望著品川的人潮

東畑開人

延伸閱讀

關於本書中所介紹的輔助線，若想進一步了解，不妨參考以下文獻，作為入門。

第一章　處方箋與輔助線

岩倉拓著〈治療零期的「耕種」與「治水」〉（暫譯，原論文名：治療0期の「耕し」と「治水」）。收錄於乾吉佑編《心理臨床學家的成長》（暫譯，原書名：心理臨床家の成長，金剛出版，2013）之論文。

第二章　馬匹與騎手

馬場禮子著《改訂版　精神分析式人格理論的基礎》（暫譯，原書名：改訂版　精神分析的人格理論の基礎，岩崎學術出版社，2016）。尤其可參考第二章的〈構造論〉。

第三章　去做事與去愛

東畑開人著《活著好難：關於照護與治療的筆記》（暫譯，原書名：居るのはつらいよ：ケアとセラピーについての覚書，醫學書院，2019）。

第四章、第五章　分享與祕密

野口裕二著《敘事與共融性—自助團體、當事人研究和開放式對話》（暫譯，原書名：ナラティヴと共同性—自助グループ。・当事者研究・オープンダイアローグ，青土社，2018）。

第六章　舒暢與糾結

北山修著《新版 心靈的消化與排出—如同字面的體驗化為比喻的過程》（暫譯，原書名：新版　心の消化と排出—文字通りの体験が比喻になる過程，作品社，2018）。

第七章　正面與負面，以及純粹與不純

松木邦裕著《學習客體關係理論》（暫譯，原書名：対象関係論を学ぶ，岩崎學術出版社，1996）。尤其可參考第四、五、六章。

Creative 187

什麼都找得到的夜晚，只是找不到我的心

填回函雙重禮
① 立即送購書優惠券
② 抽獎小禮物

作者｜東畑開人
譯者｜李璦祺
出版者｜大田出版有限公司
台北市一〇四四五中山北路二段二十六巷二號二樓
E-mail｜titan@morningstar.com.tw http://www.titan3.com.tw
編輯部專線｜（02）2562-1383 傳真：（02）2581-8761
總編輯｜莊培園
副總編輯｜蔡鳳儀
行銷企劃｜陳惠菁
編輯助理｜郭家妤
行政編輯｜鄭鈺澐
校對｜黃薇霓／李璦祺
初刷｜二〇二三年七月一日 定價：三九九元
網路書店｜http://www.morningstar.com.tw（晨星網路書店）
TEL:（04）23595819 FAX:（04）23595493
購書Email｜service@morningstar.com.tw
郵政劃撥｜15060393（知己圖書股份有限公司）
印刷｜上好印刷股份有限公司
國際書碼｜978-986-179-805-9 CIP:178.3/112003538

國家圖書館出版品預行編目資料

什麼都找得到的夜晚，只是找不到我的心 / 東畑開人著；李璦祺譯 . ——初版——台北市 ：大田，2023.07
面；公分 . ——（Creative；187）

ISBN 978-986-179-805-9（平裝）

178.3　112003538